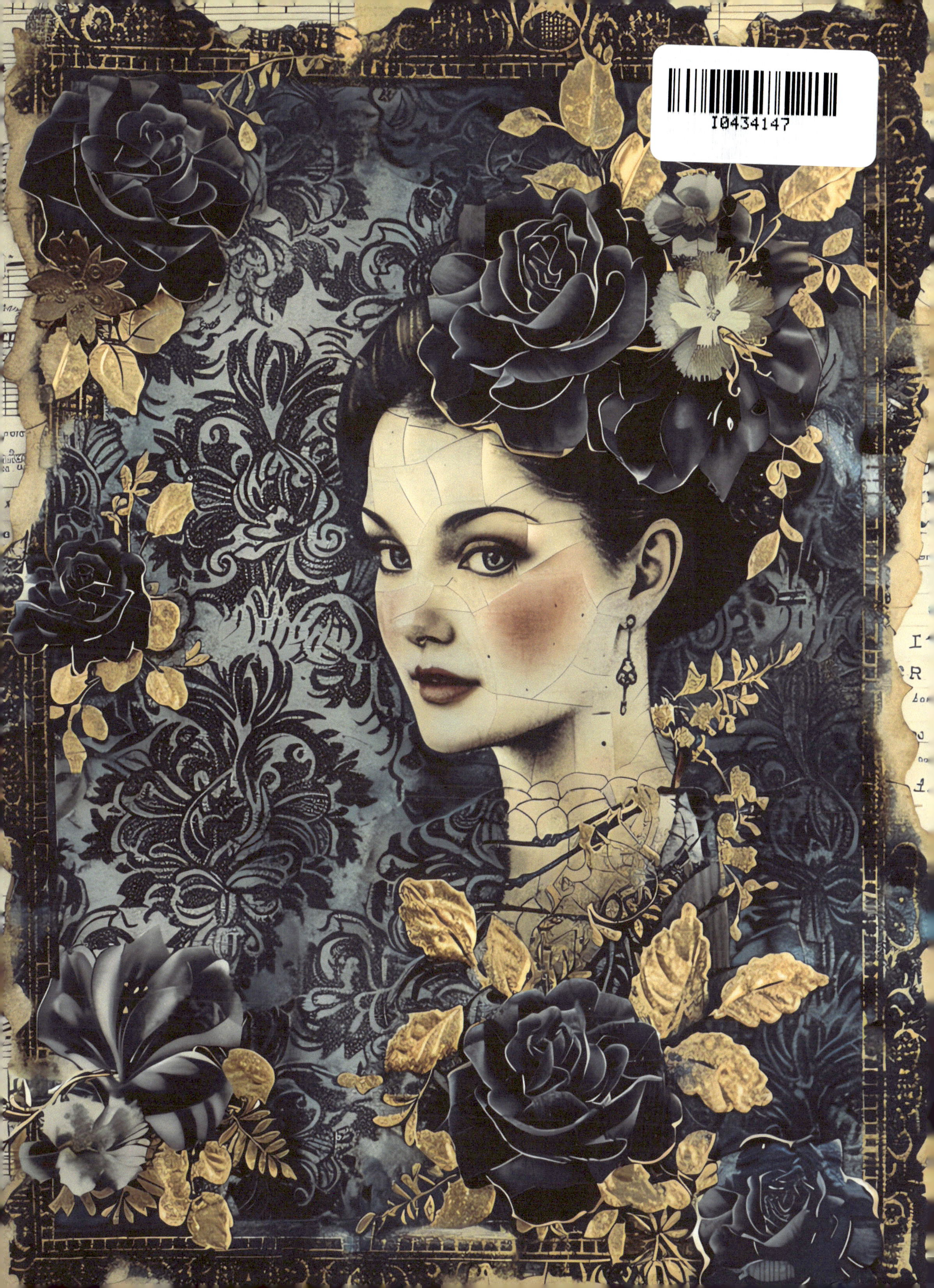

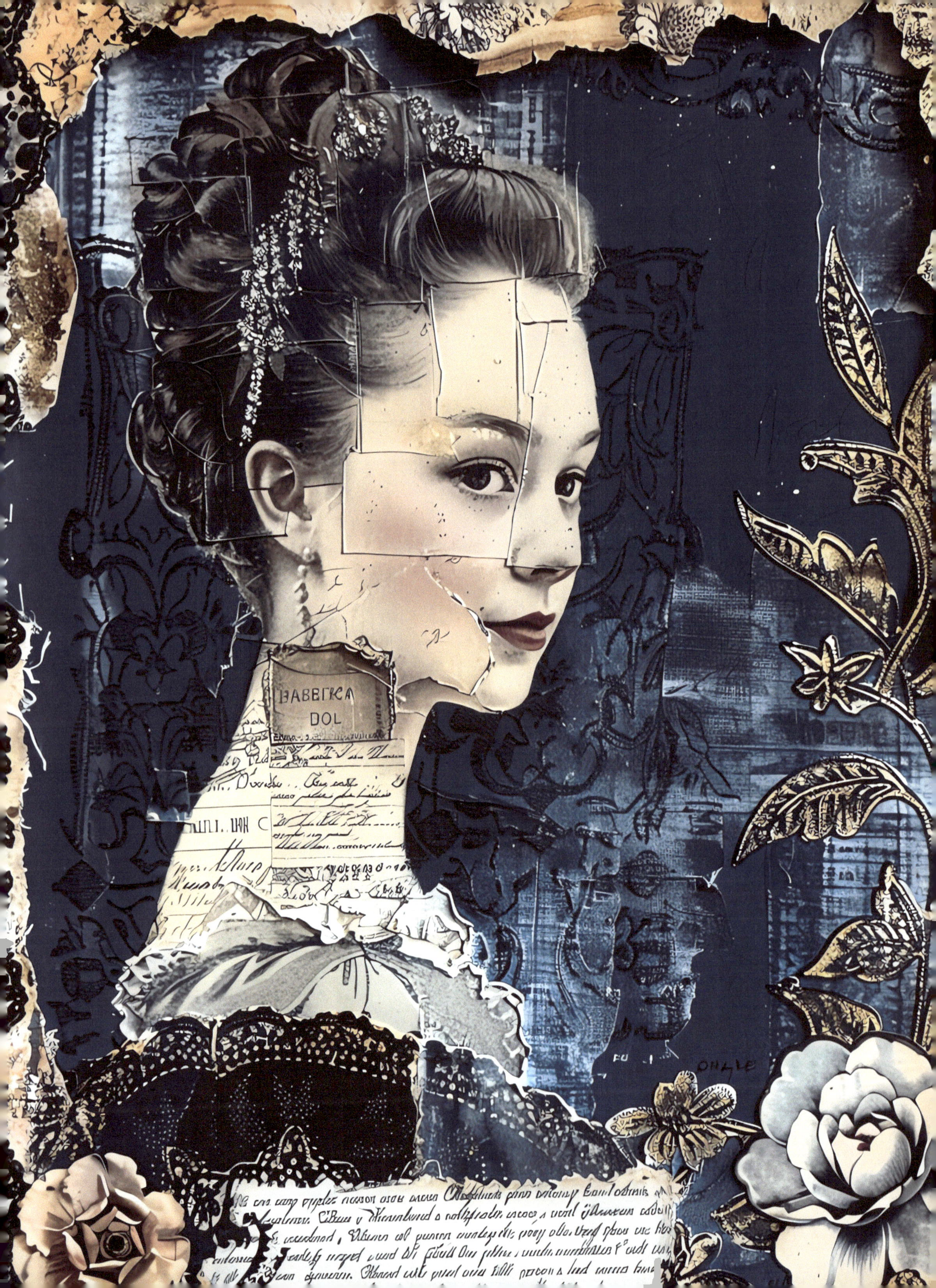
DOL

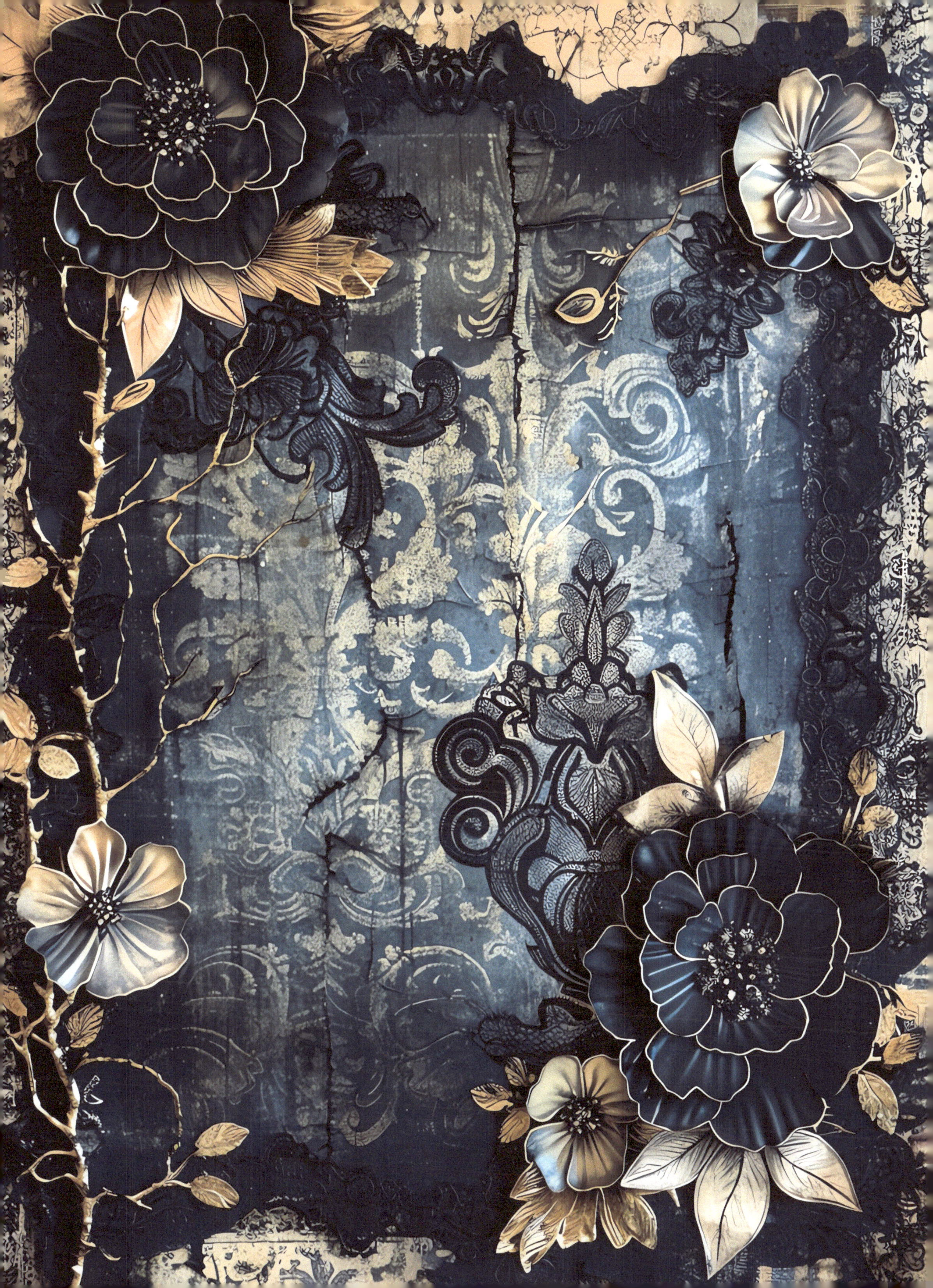

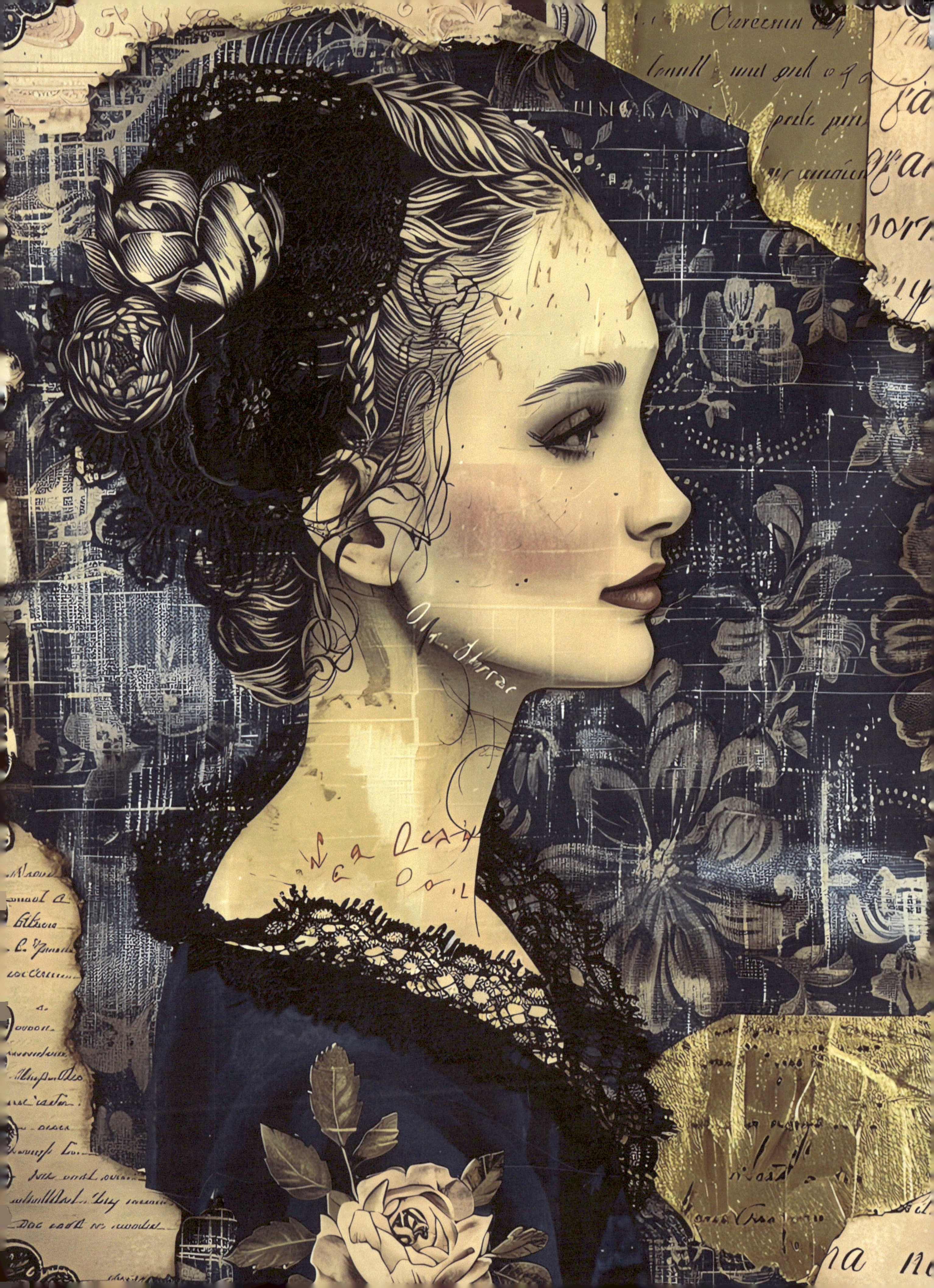

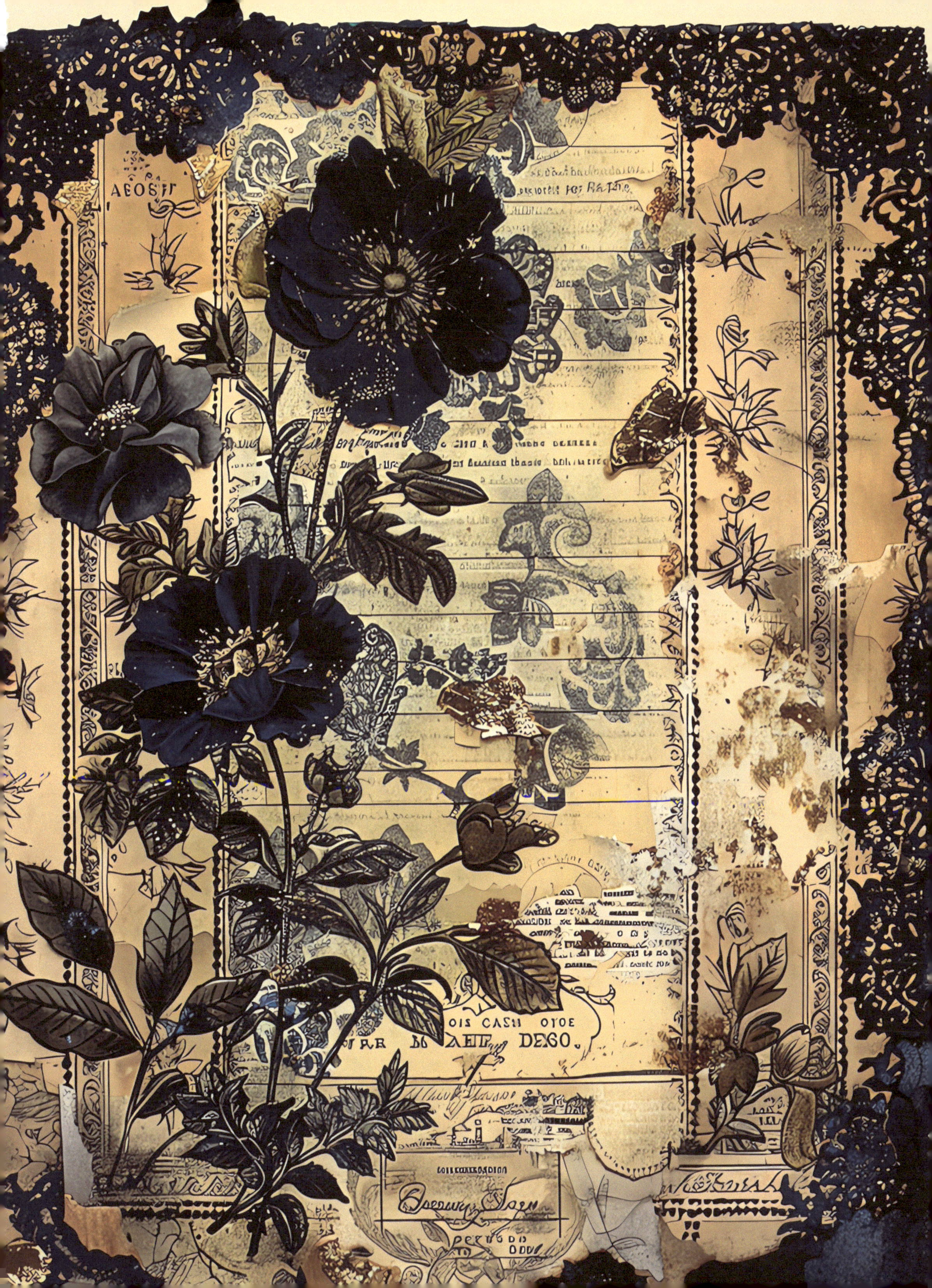

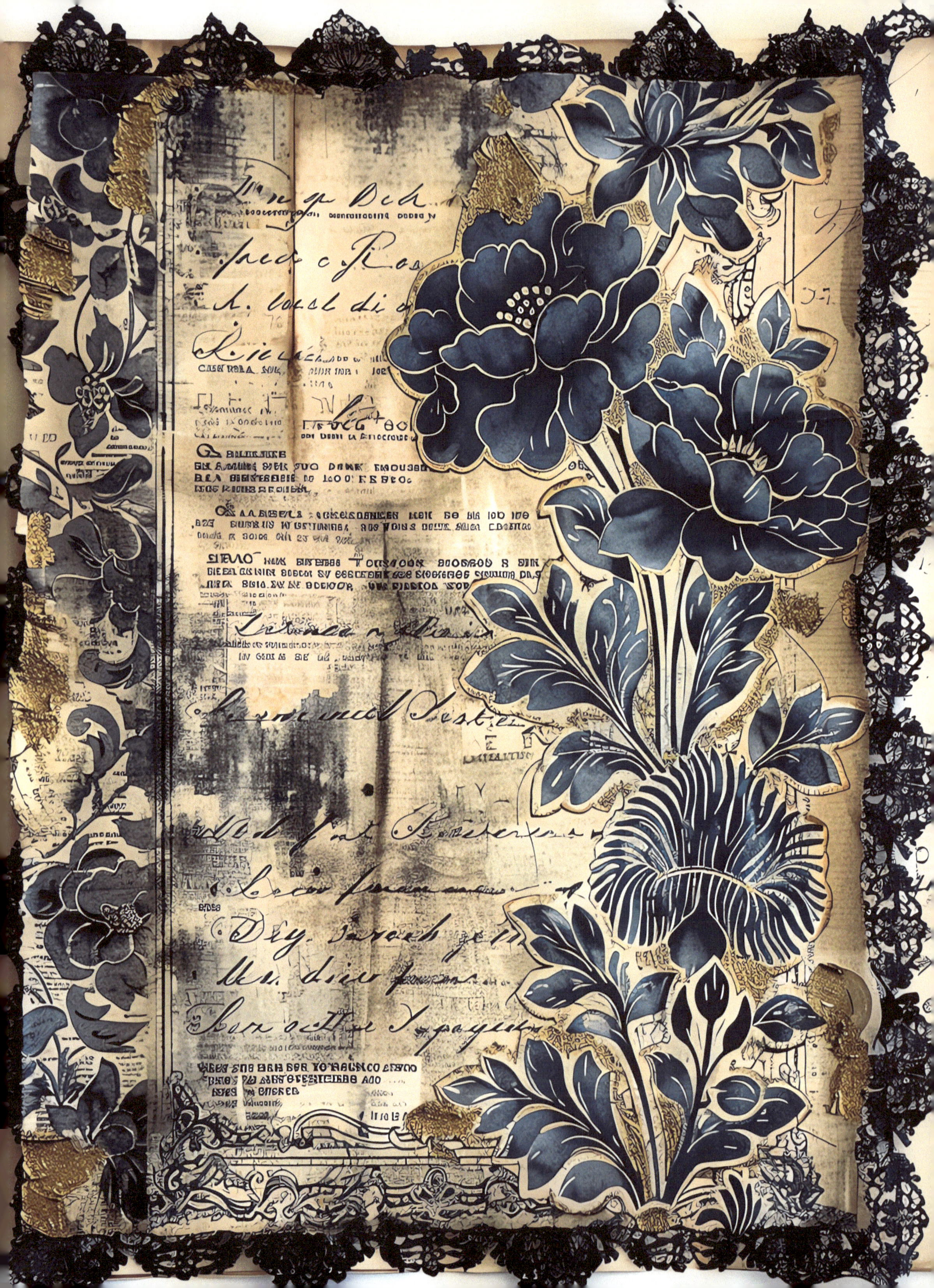

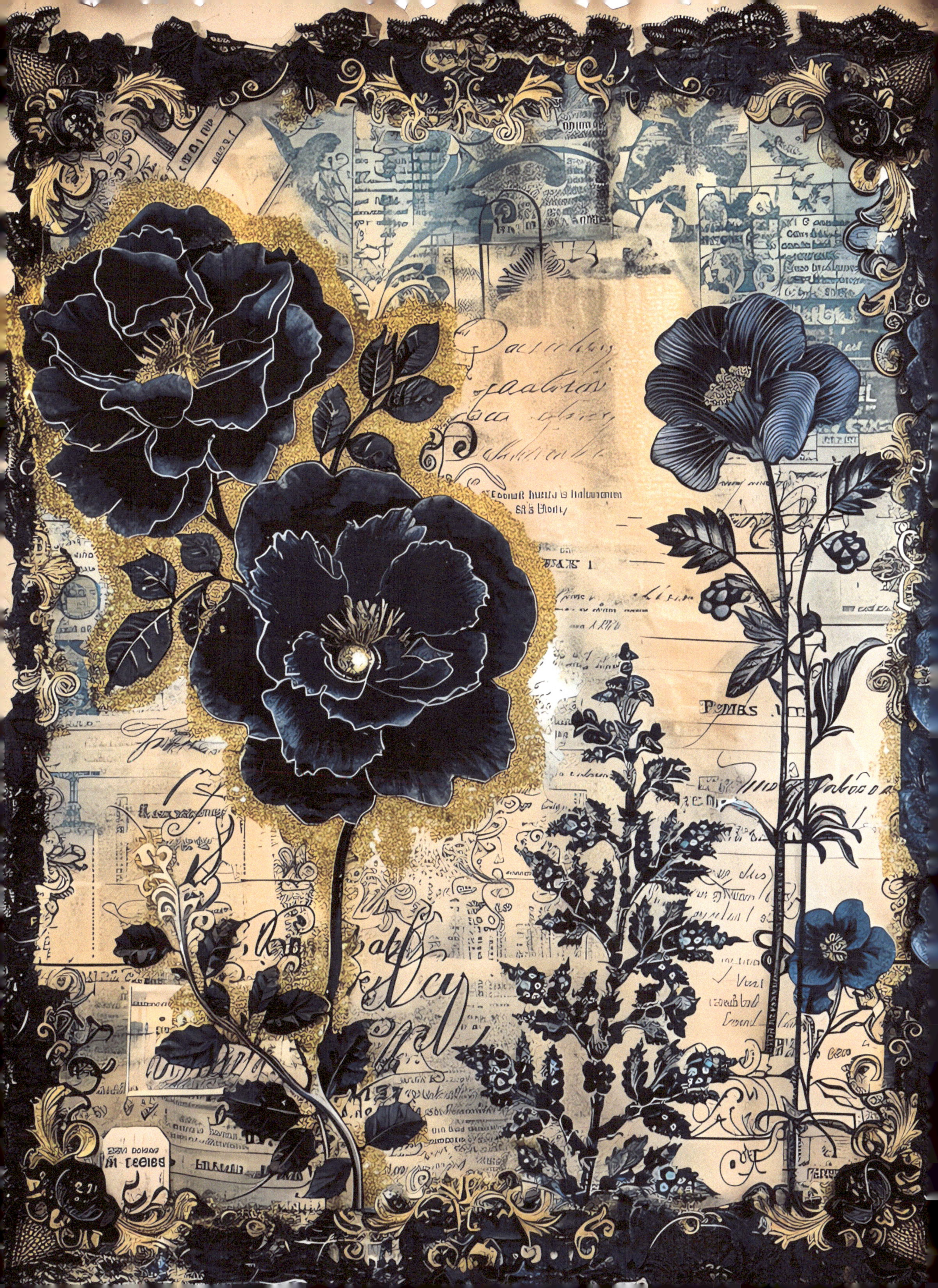

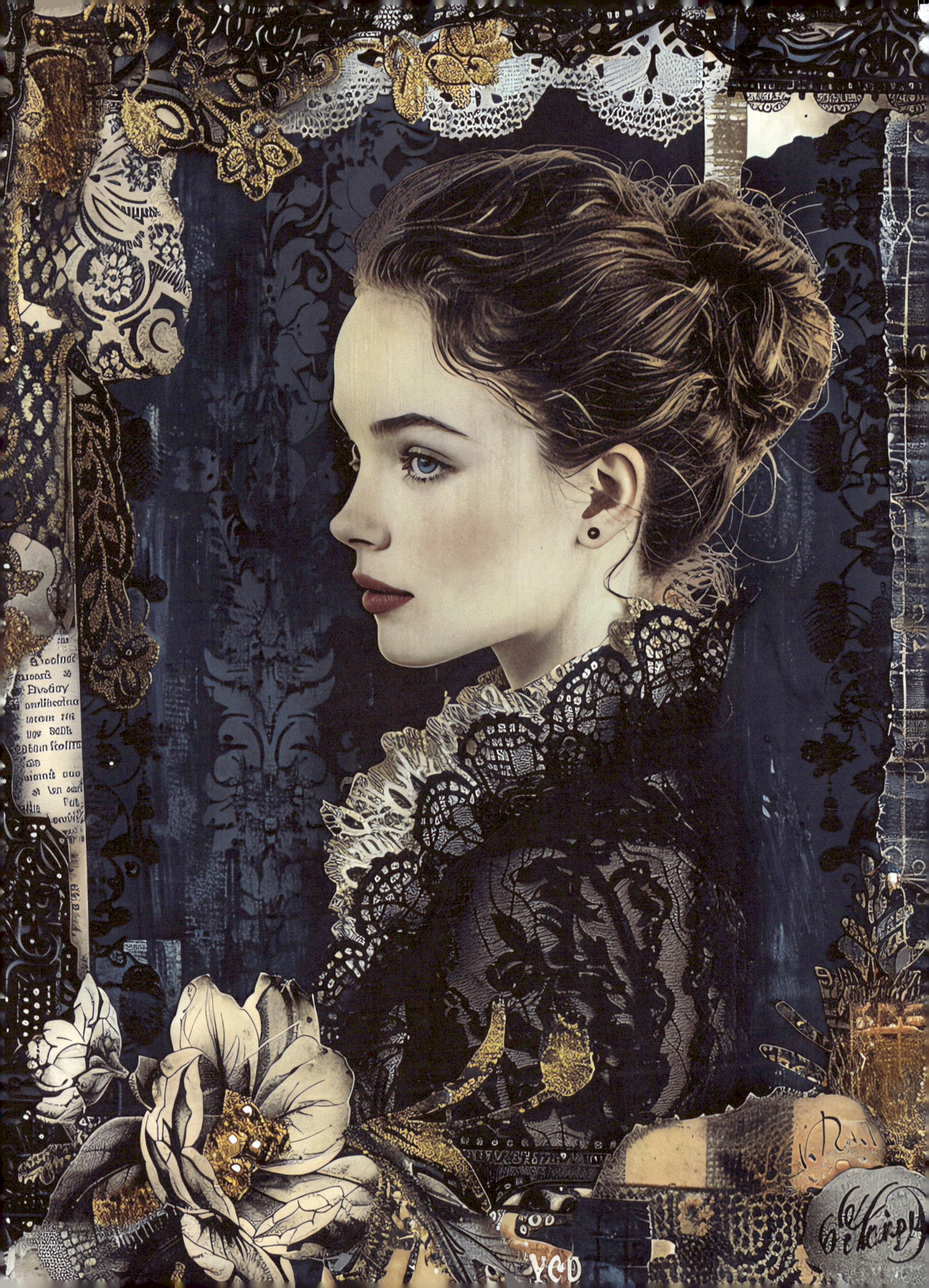
YCD

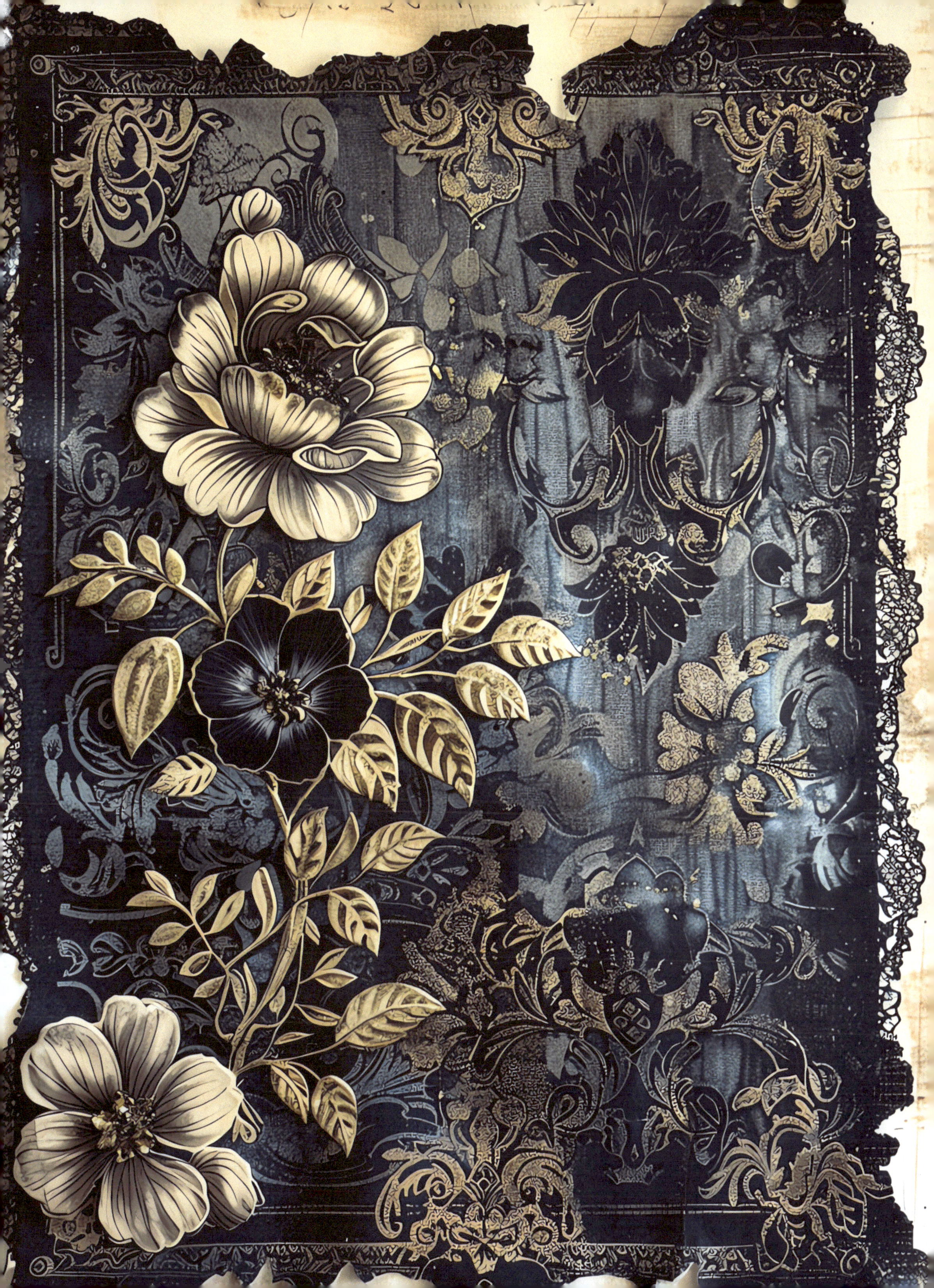

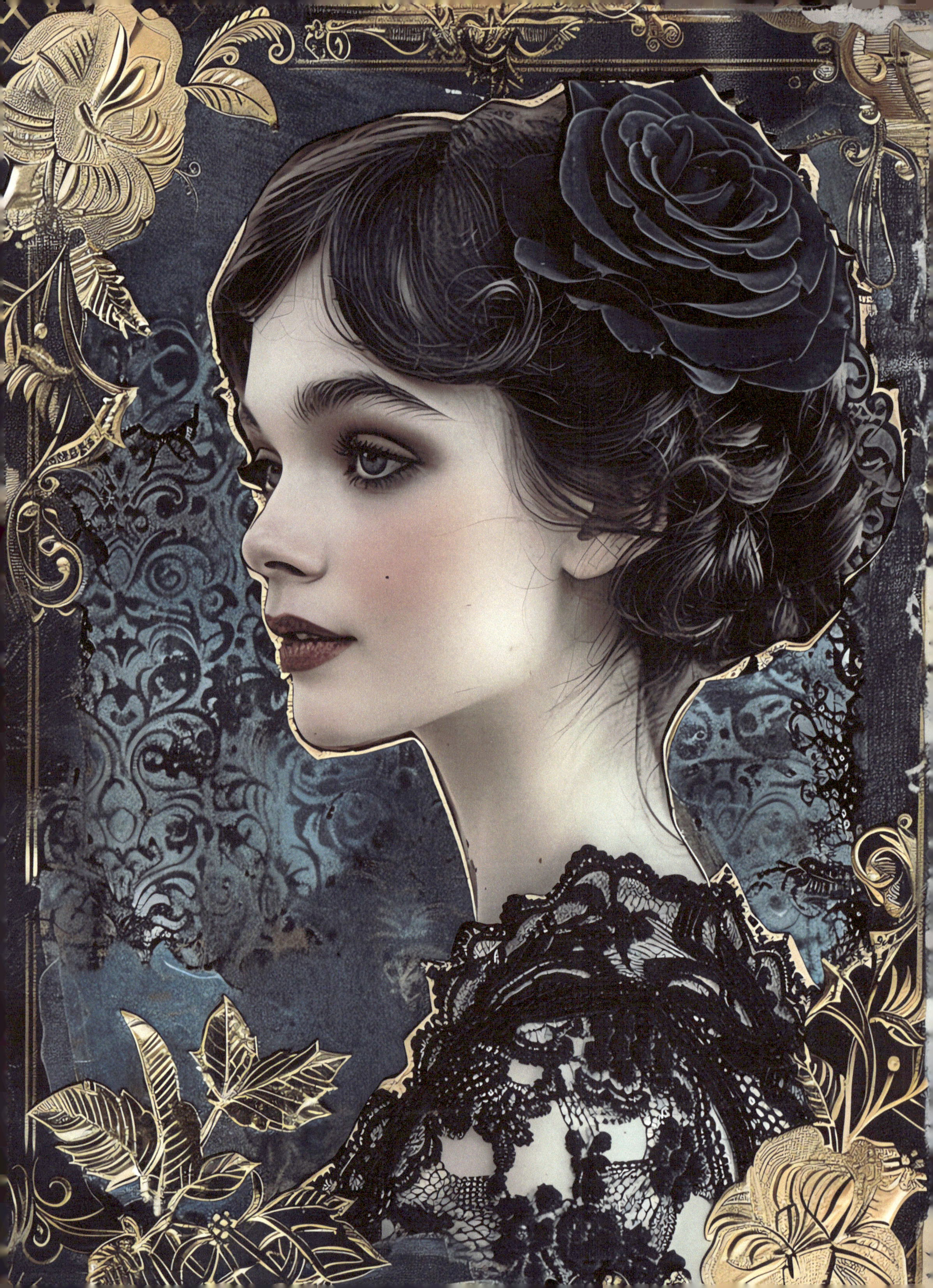

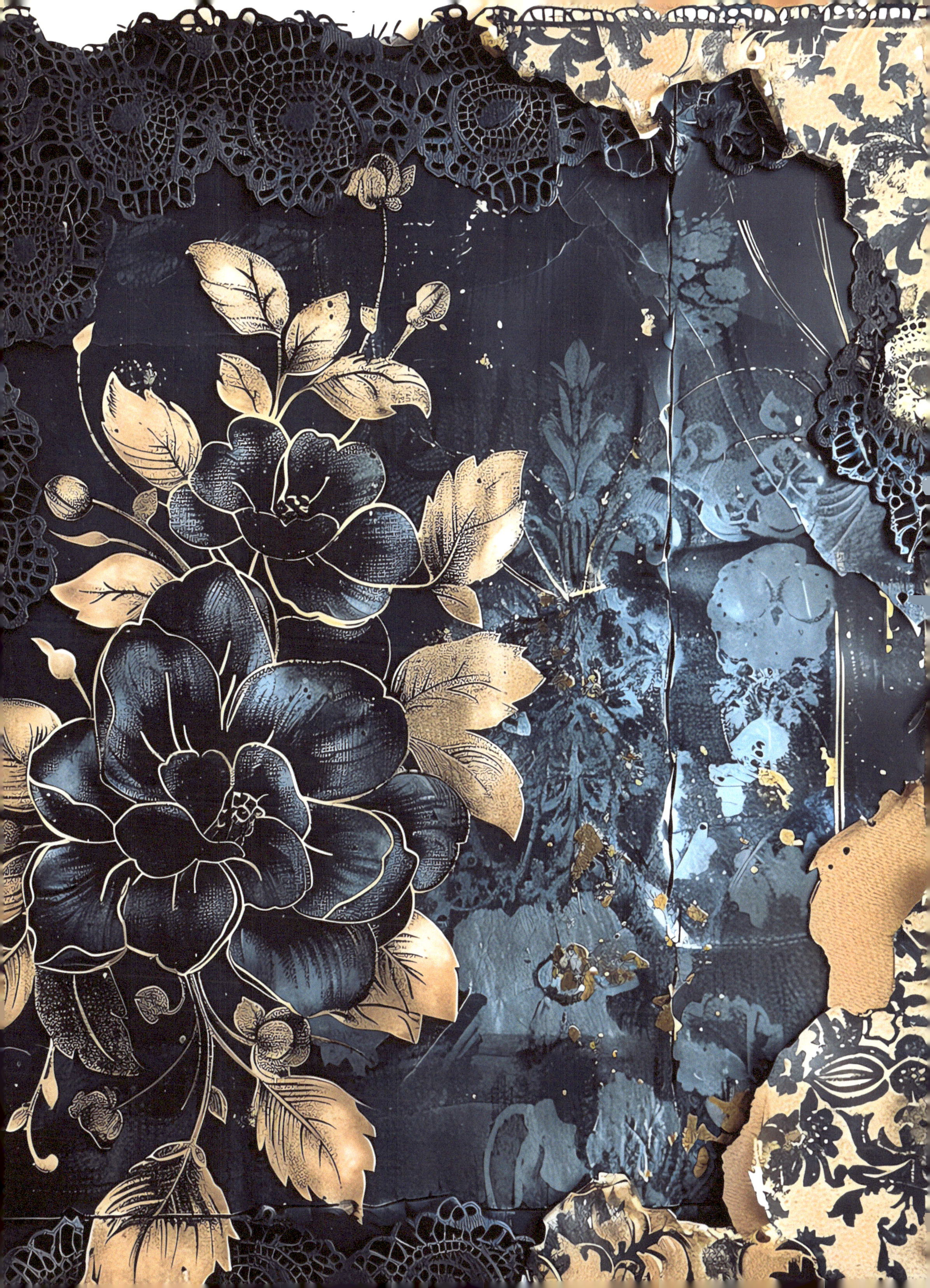

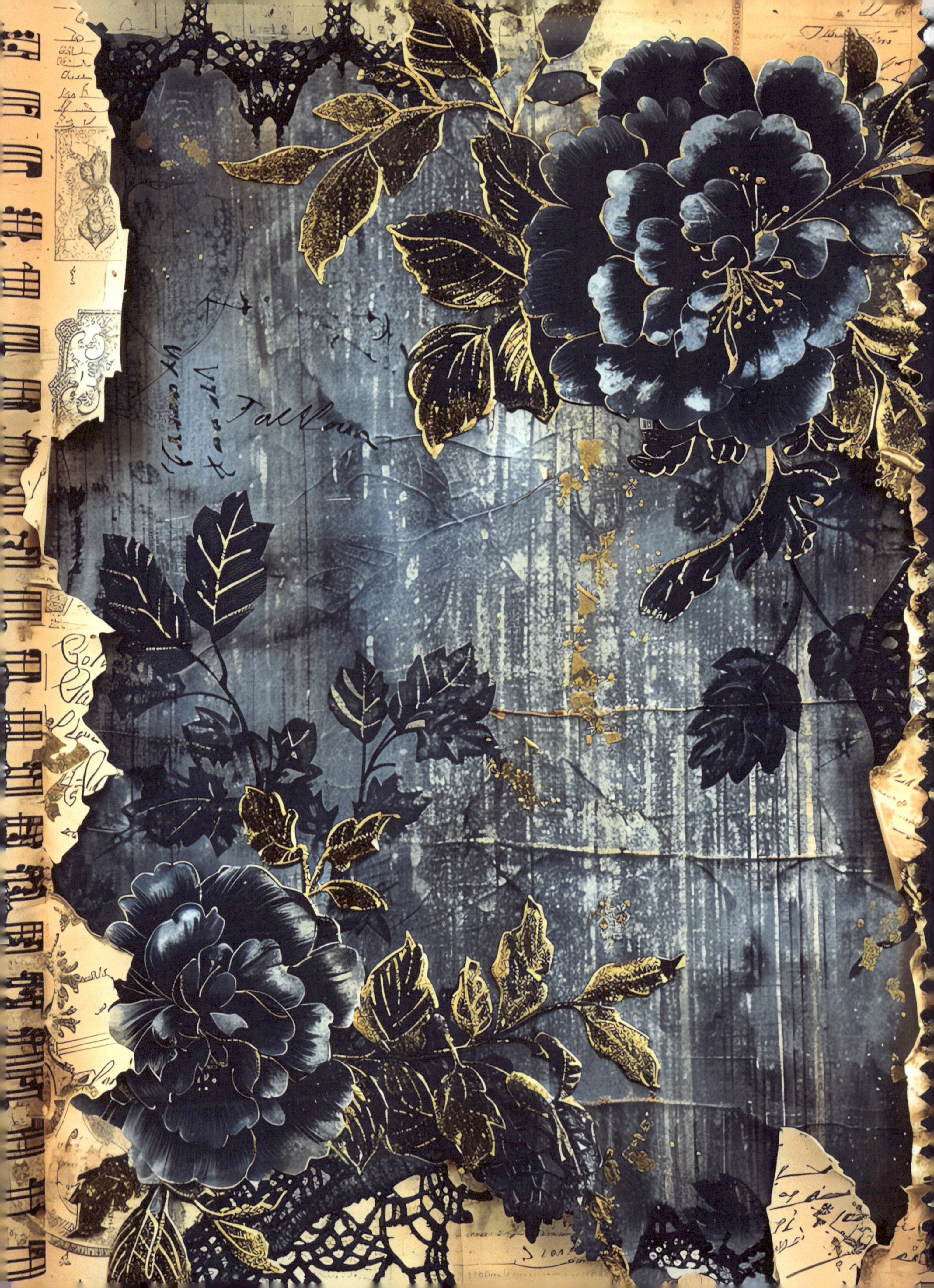

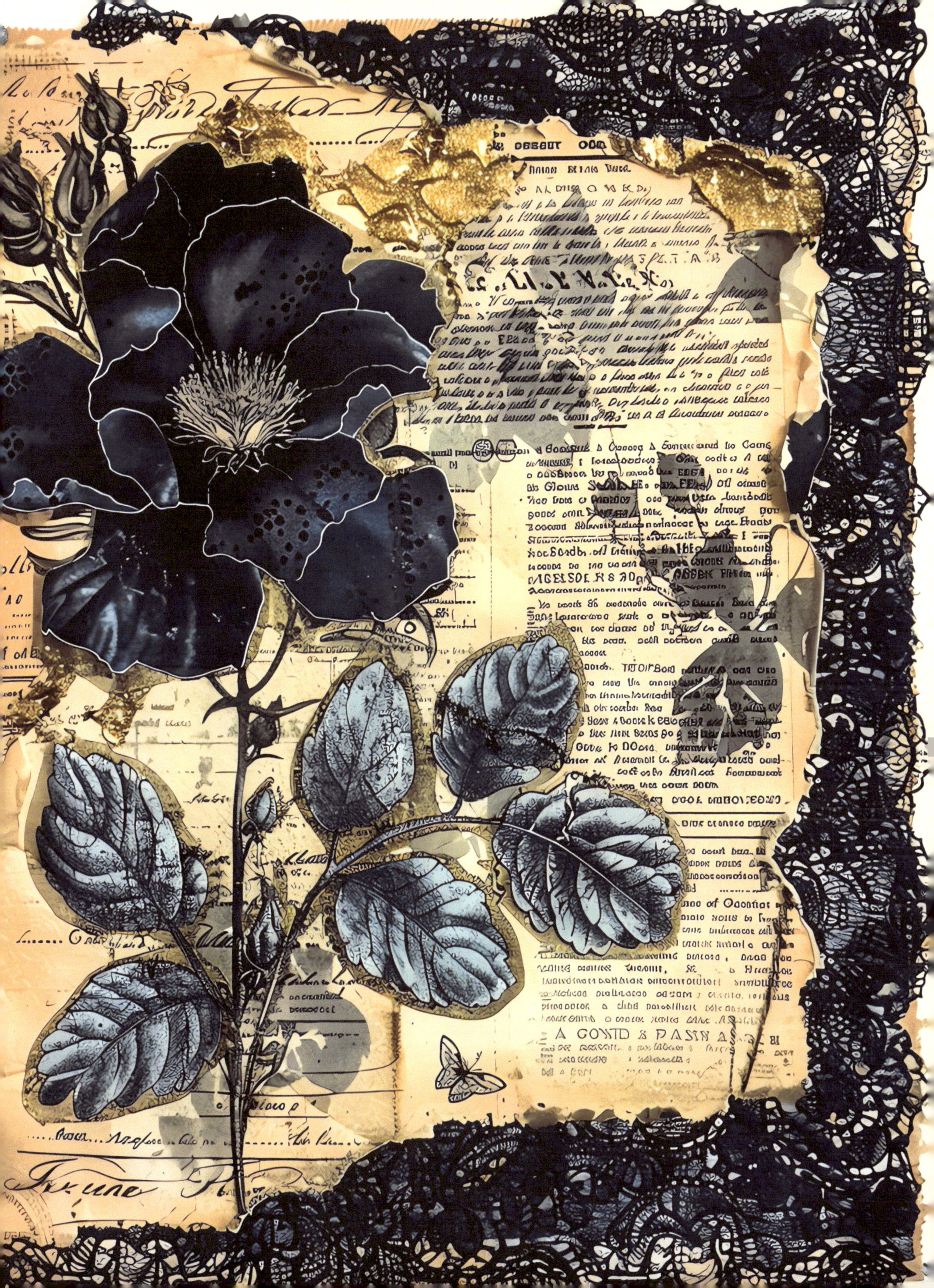

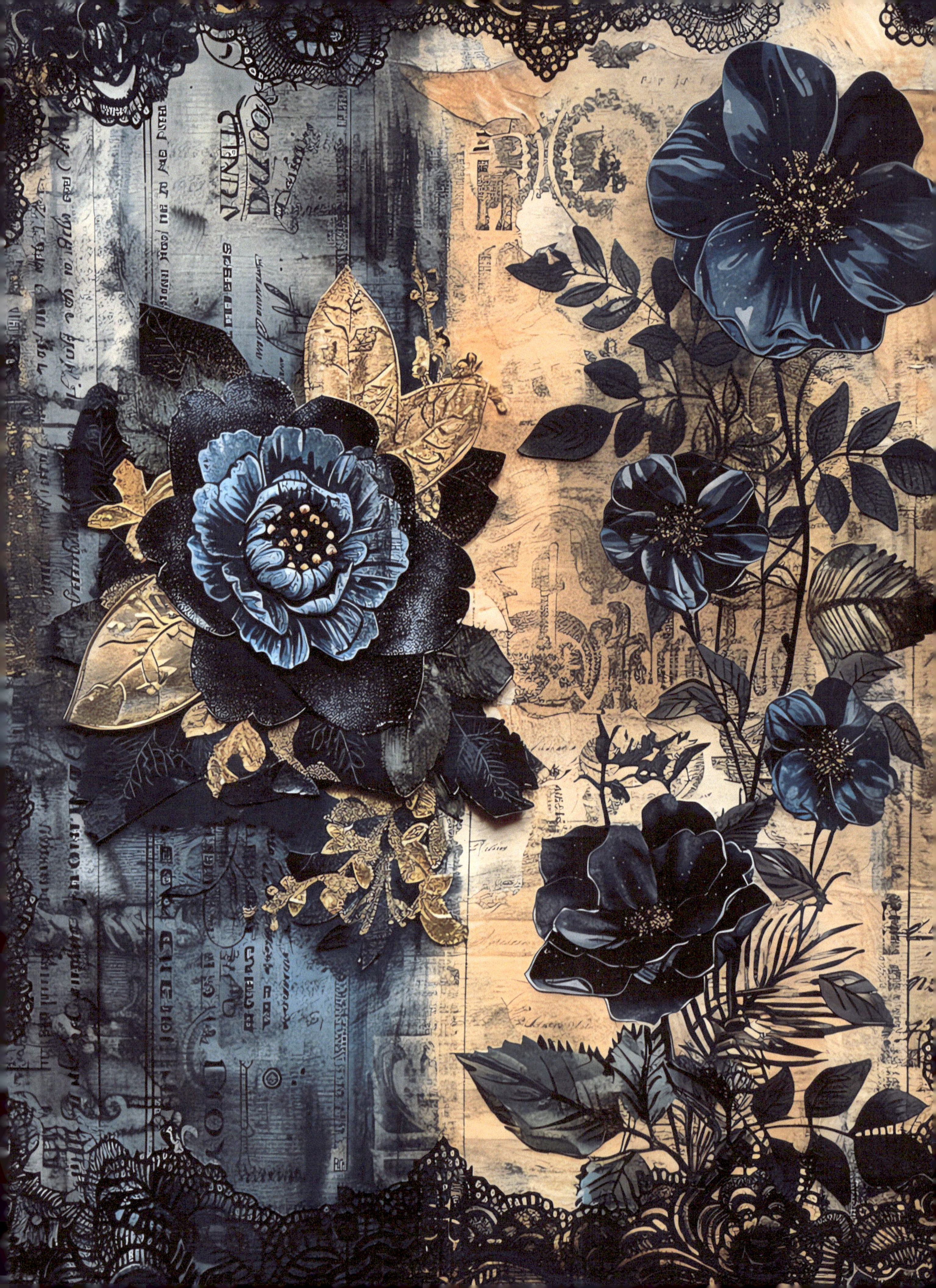

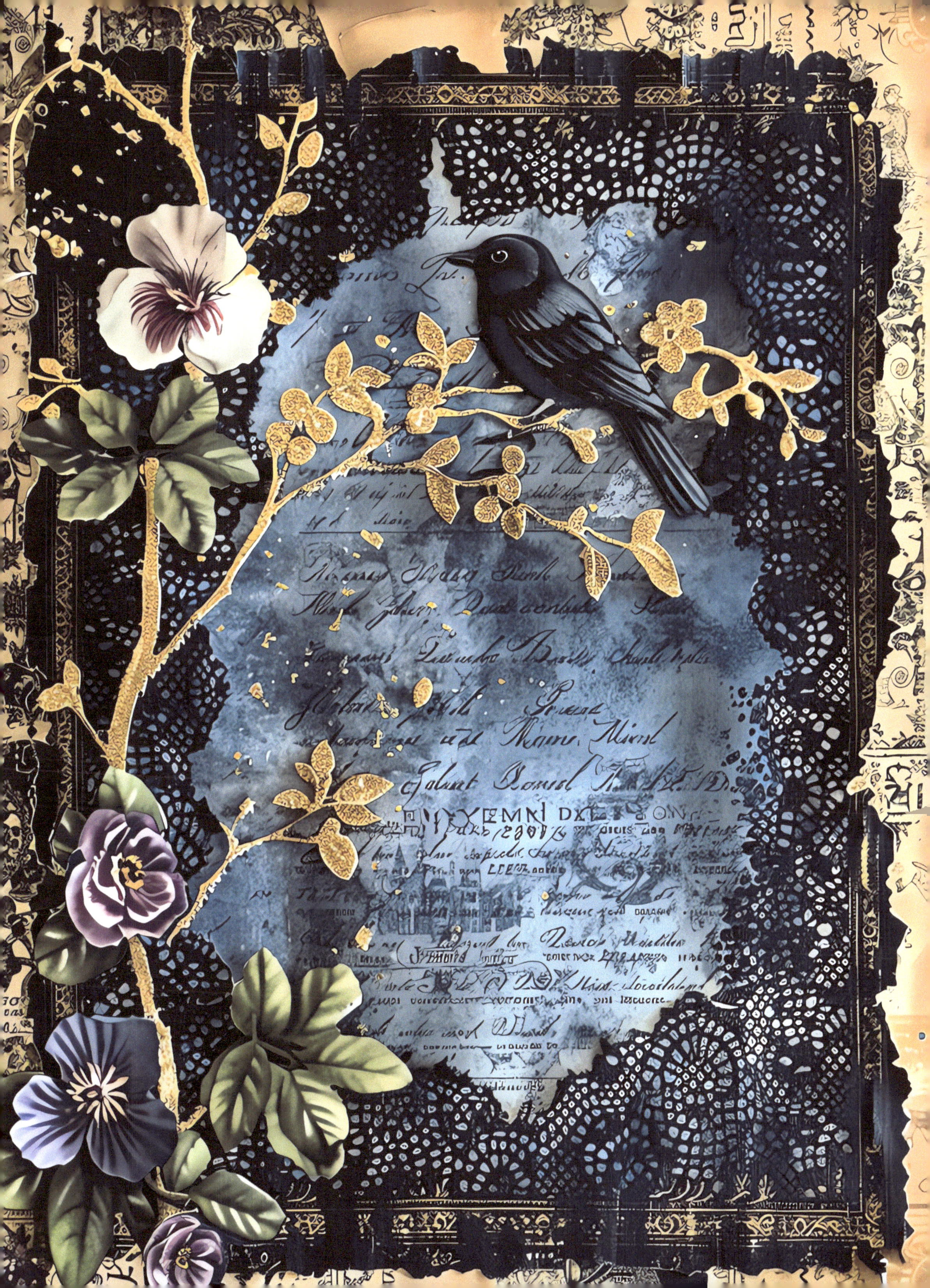

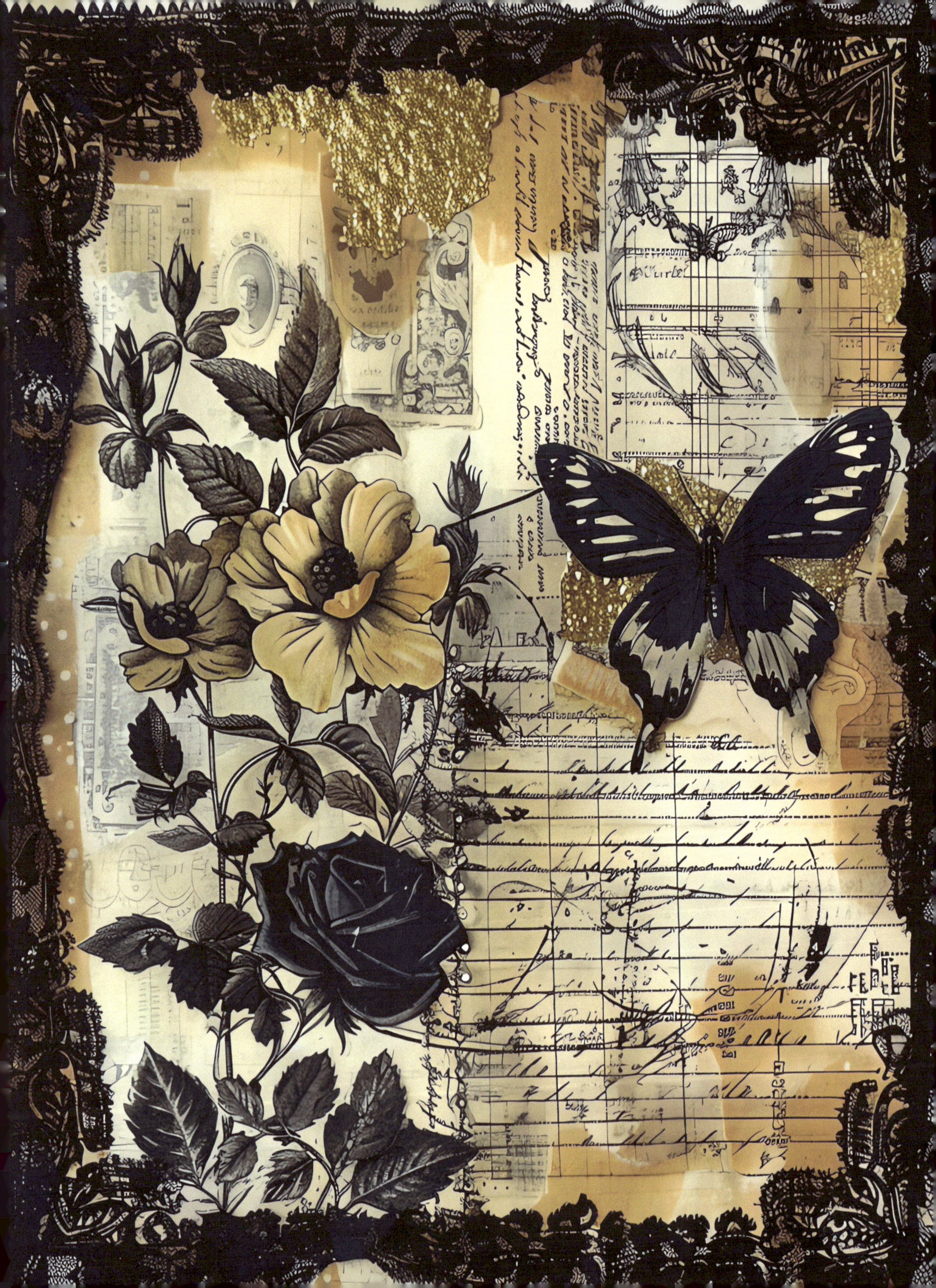

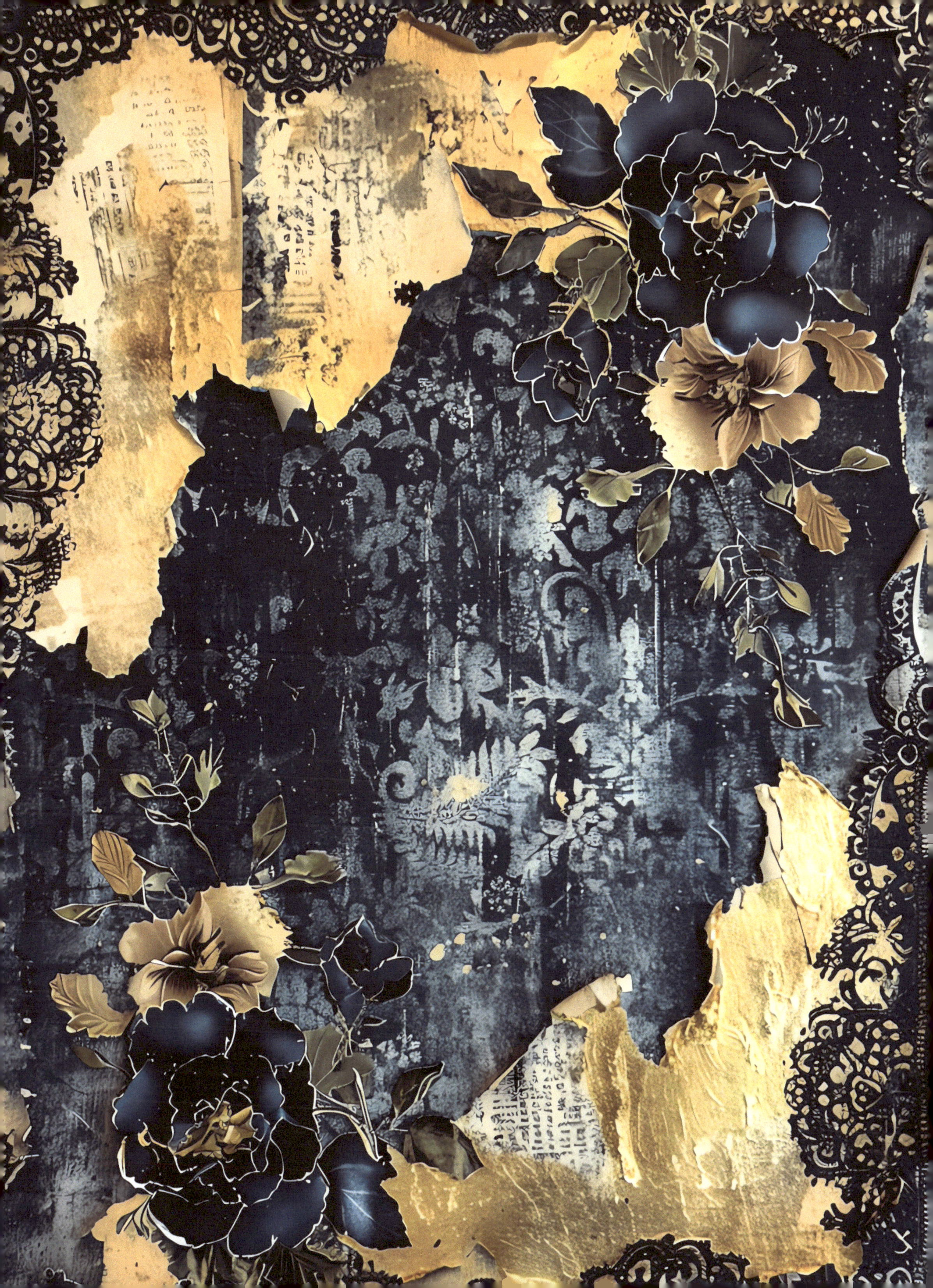

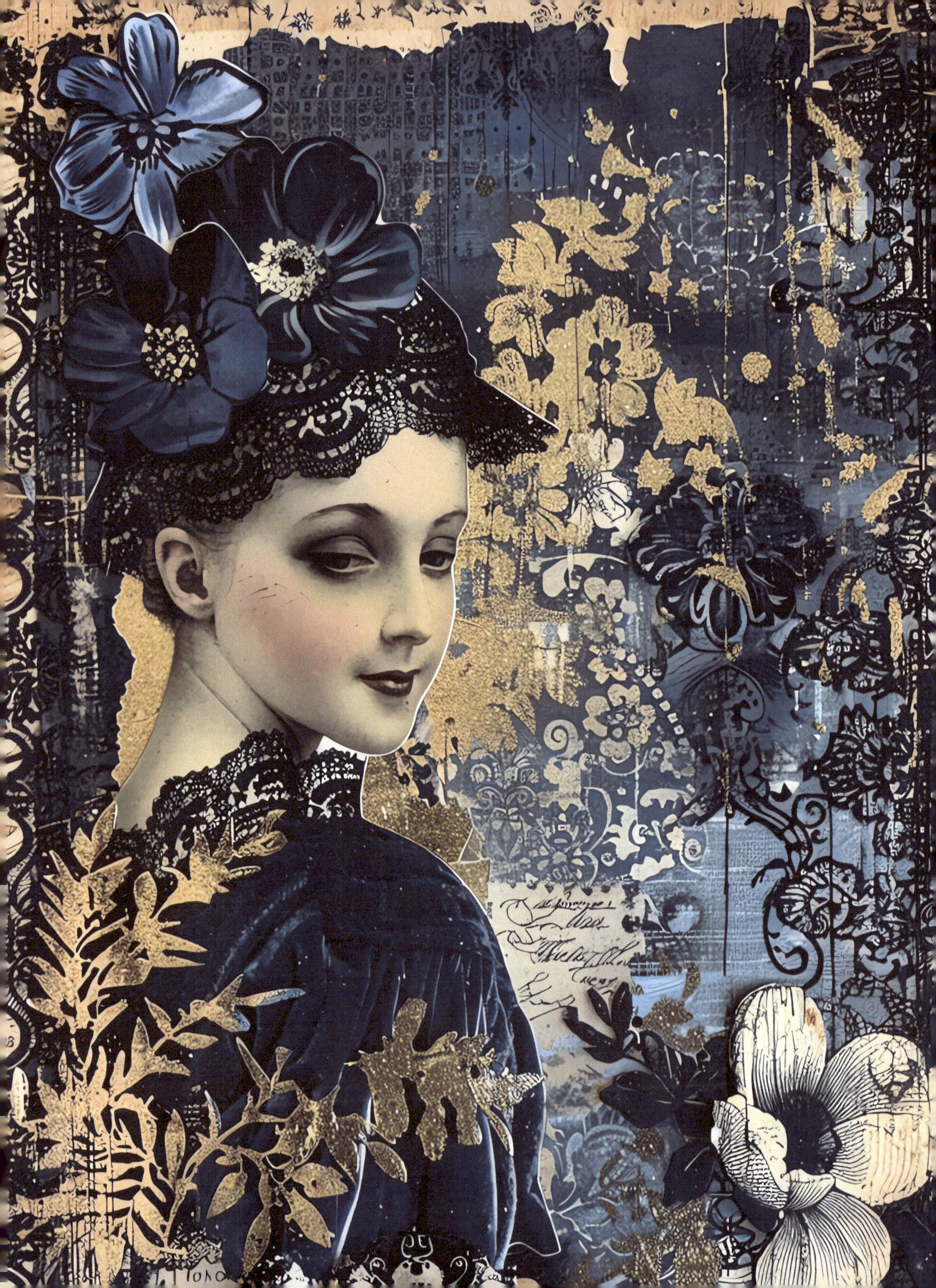

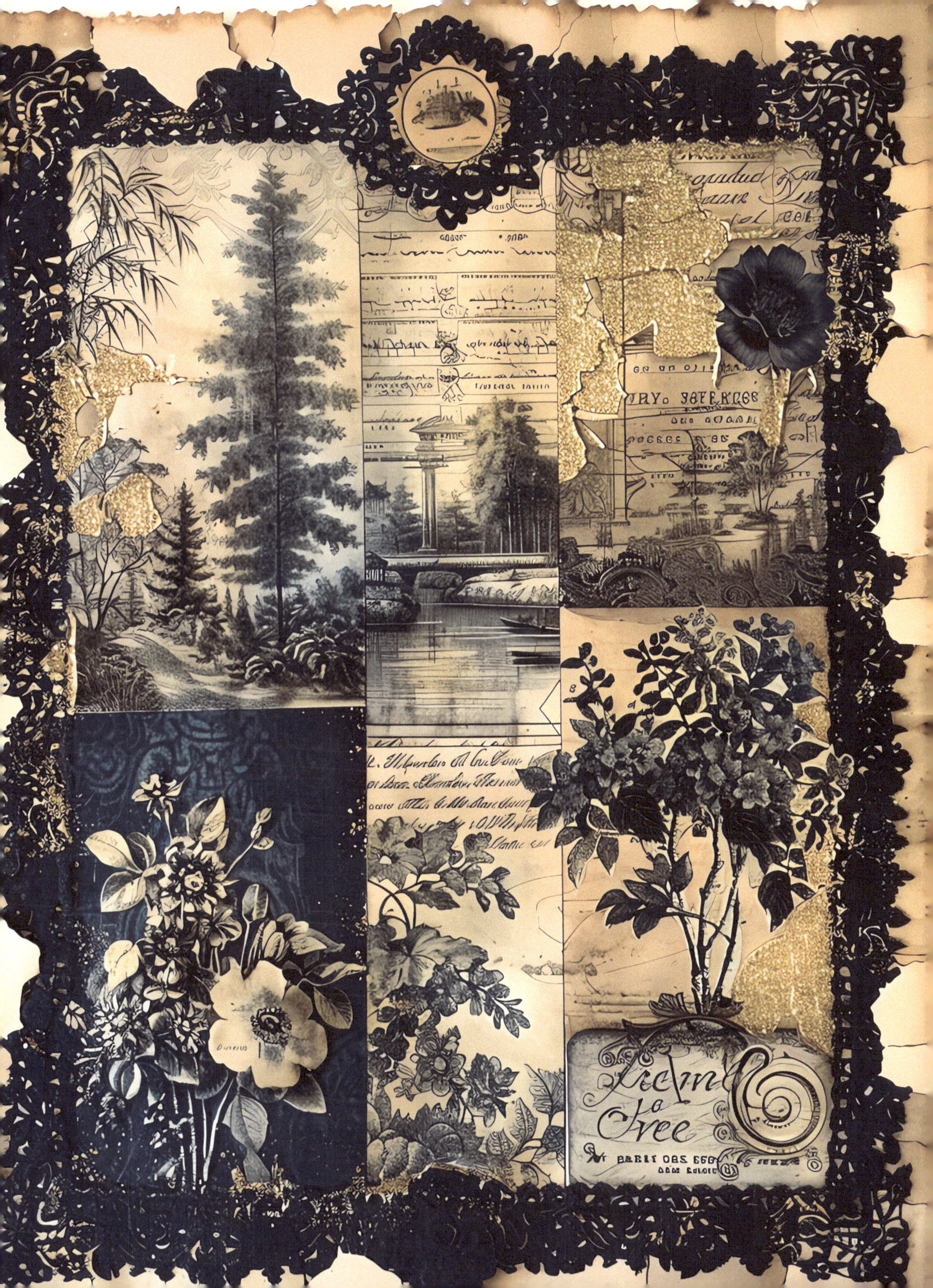

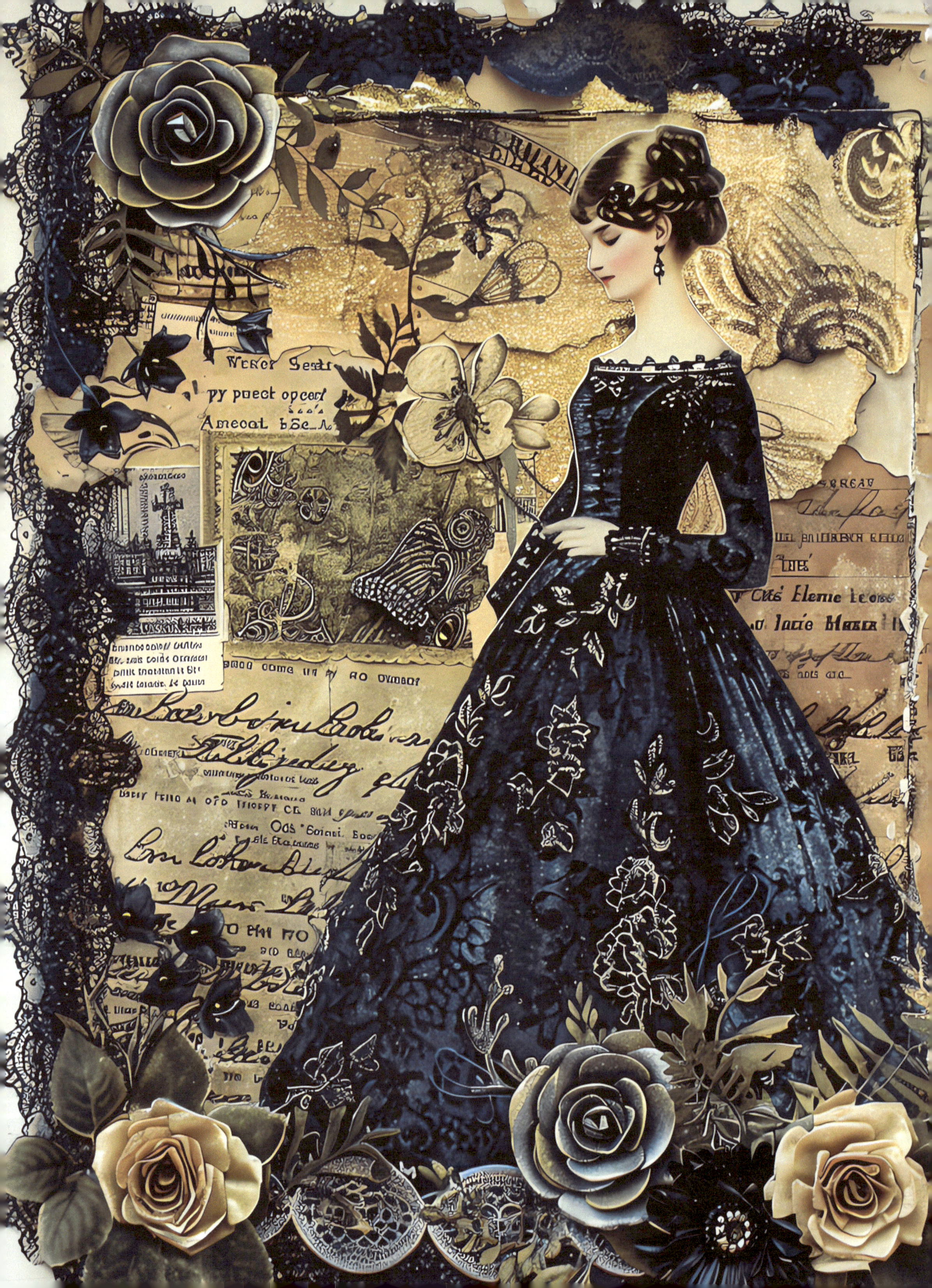

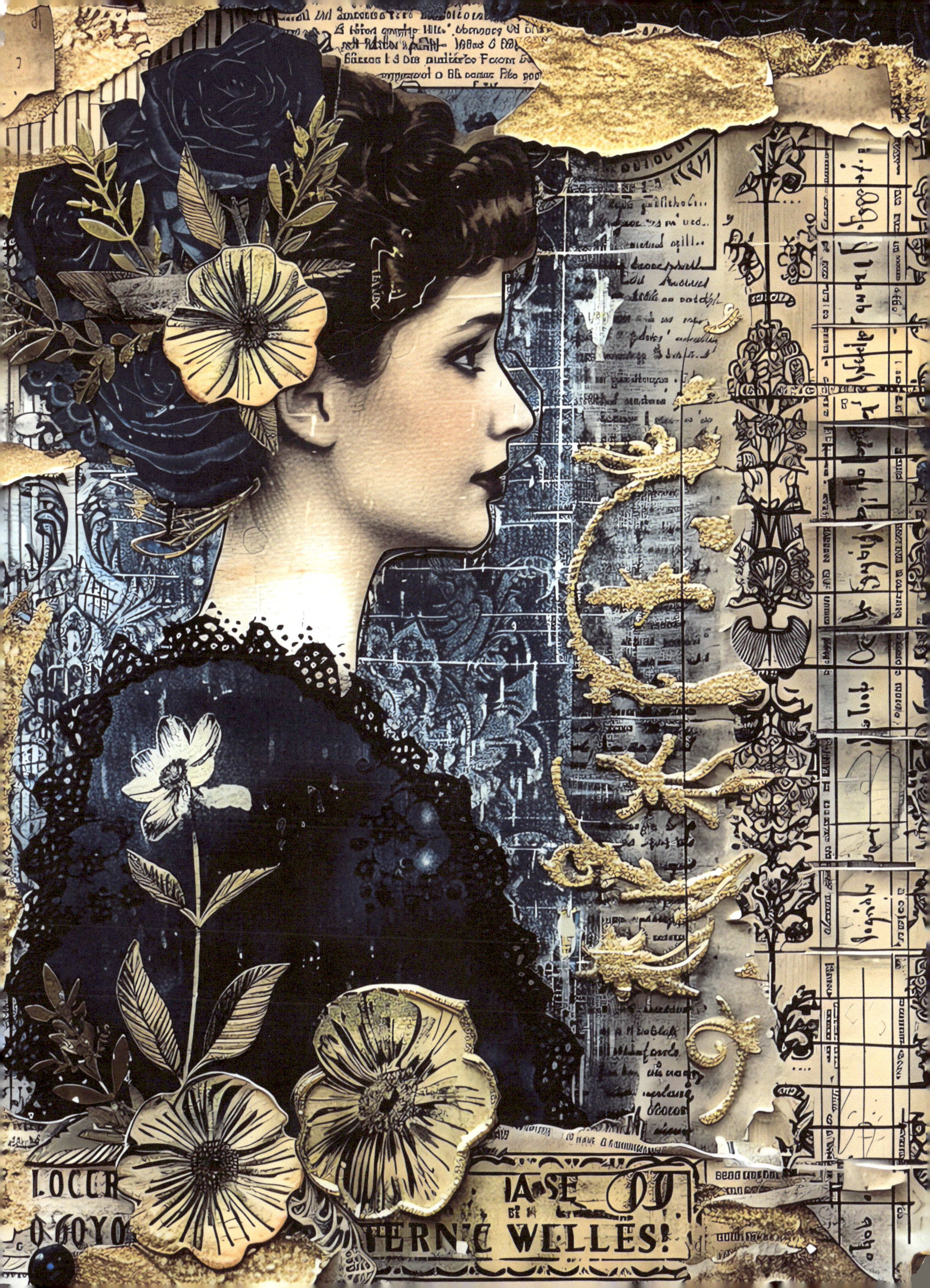
TERN'E WELLES!

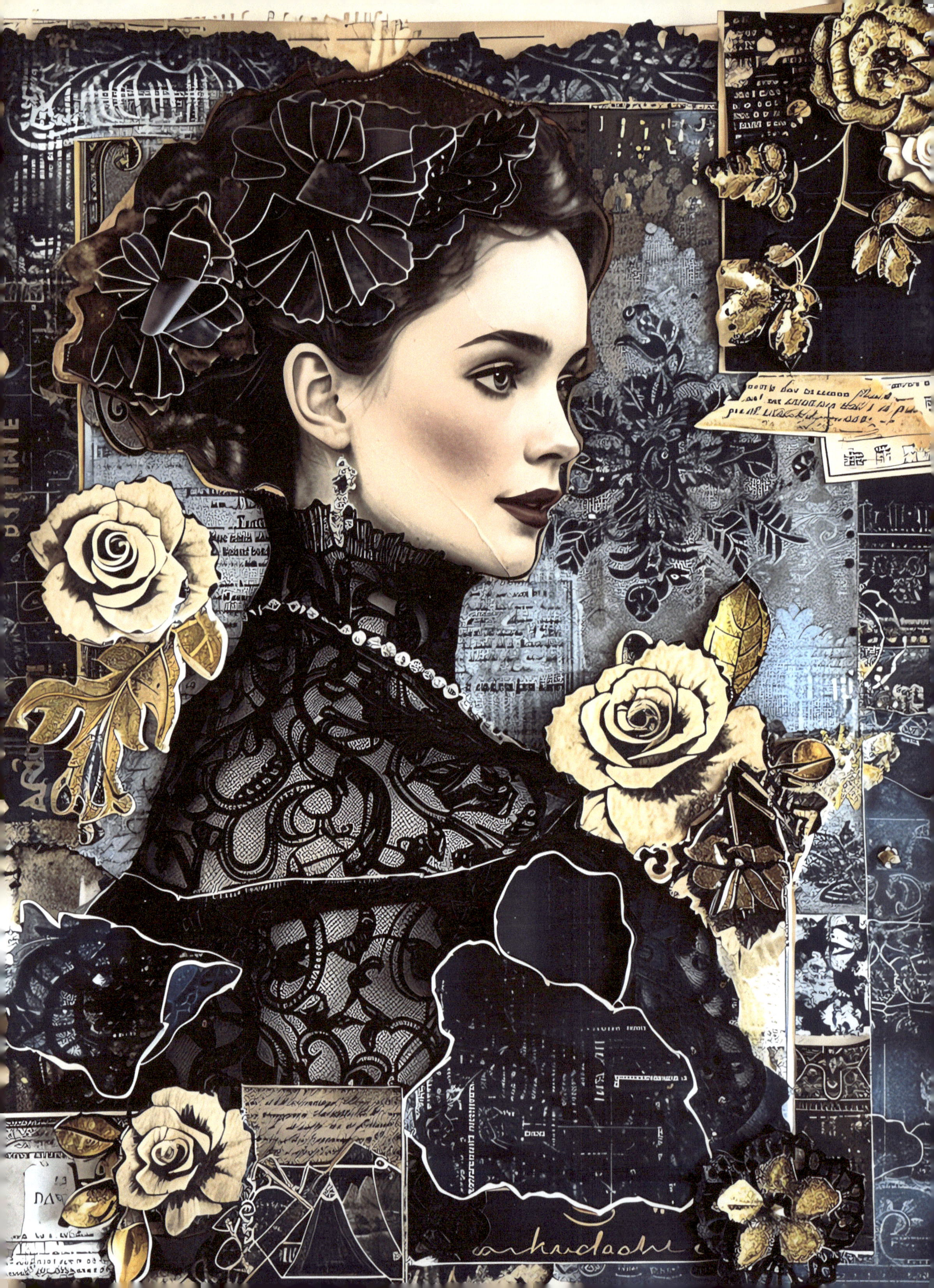

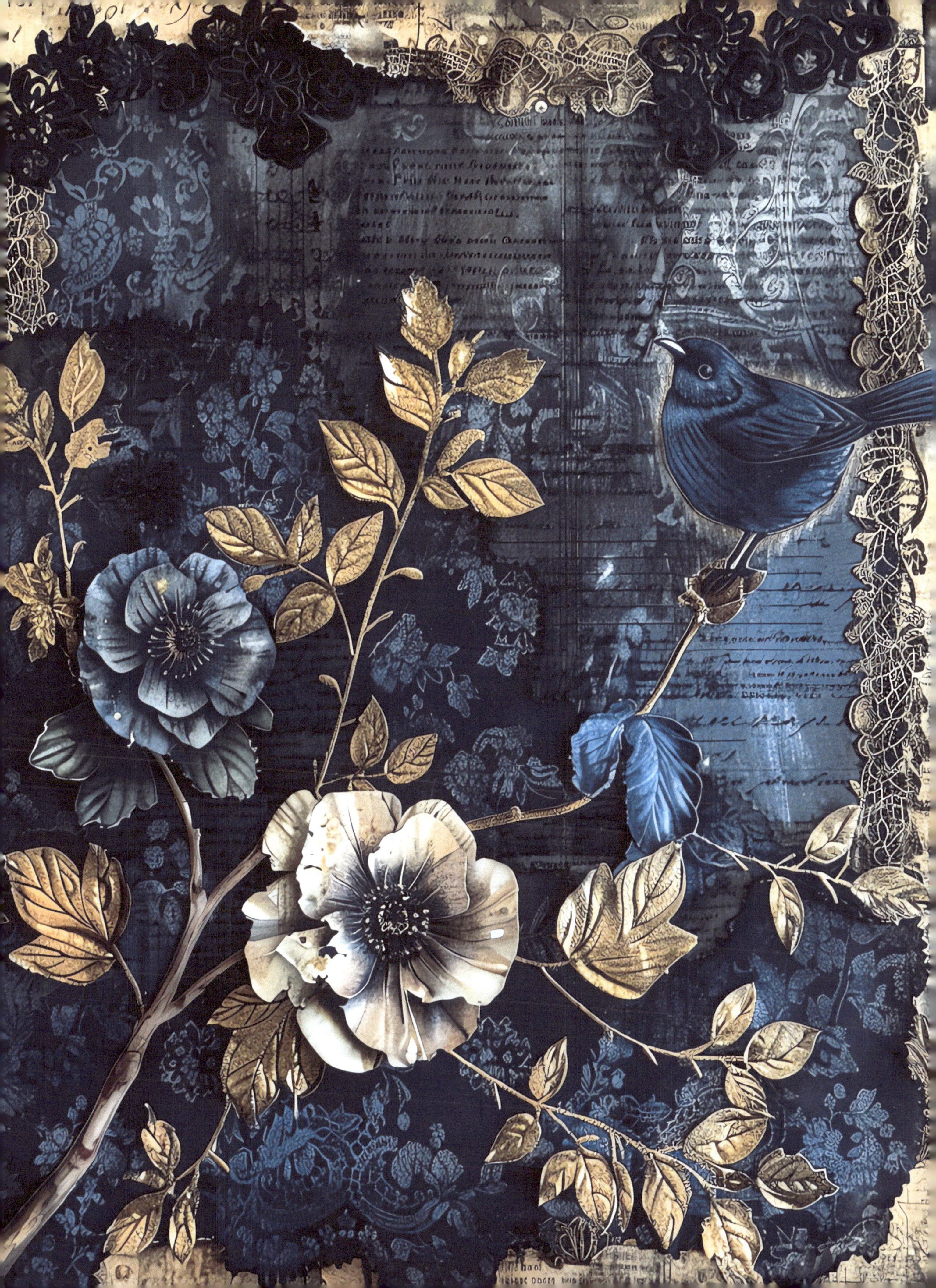

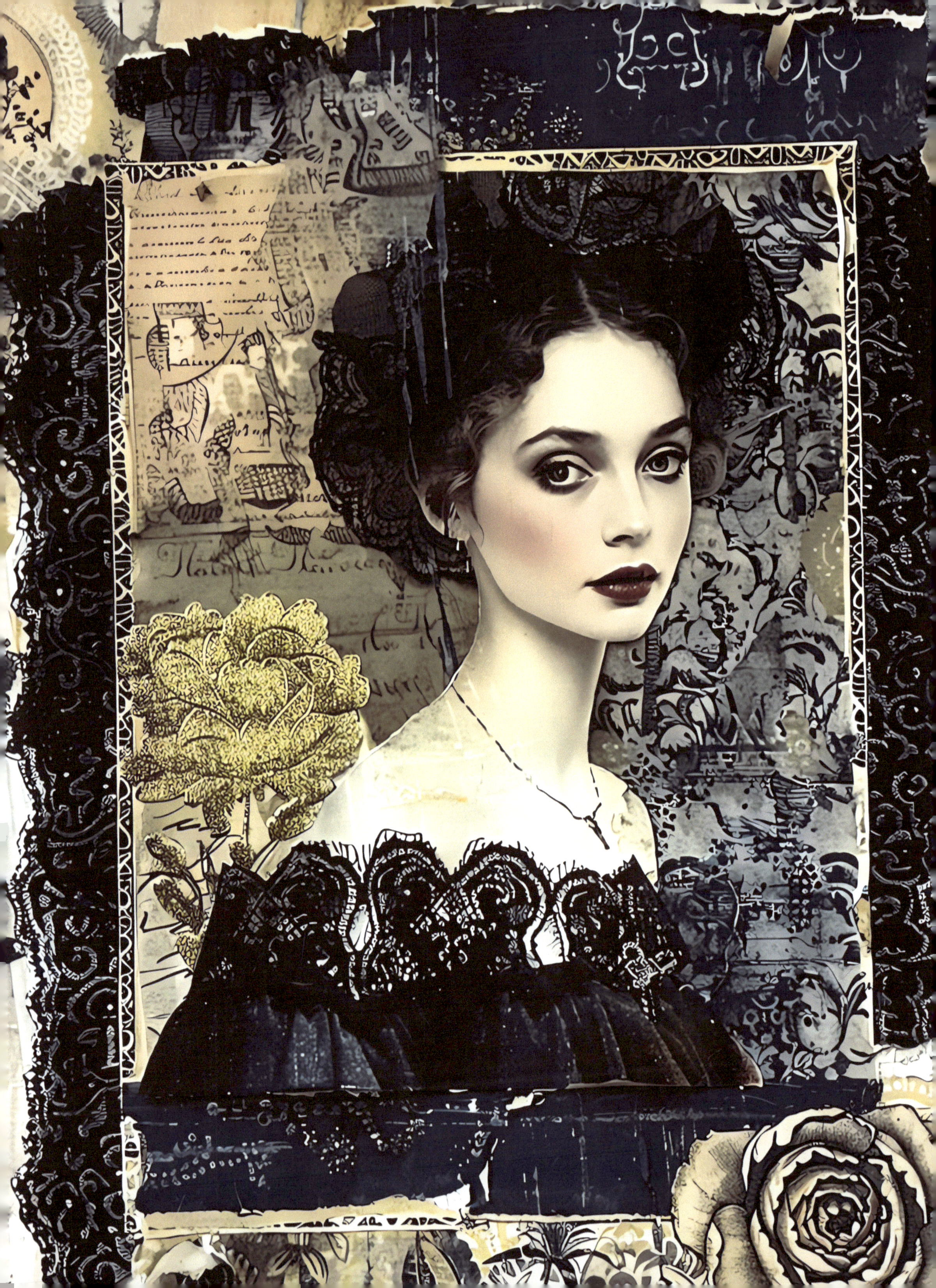

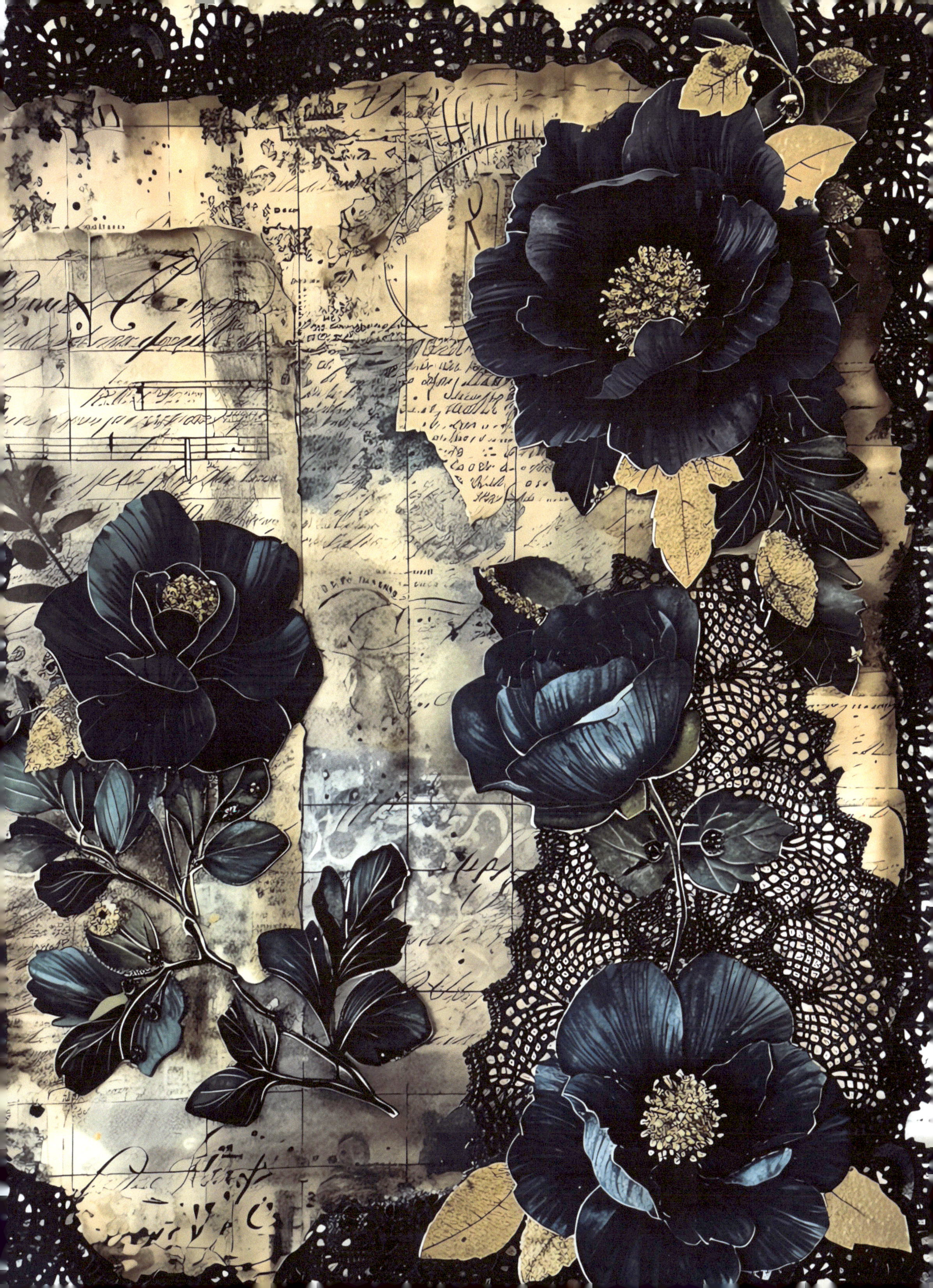

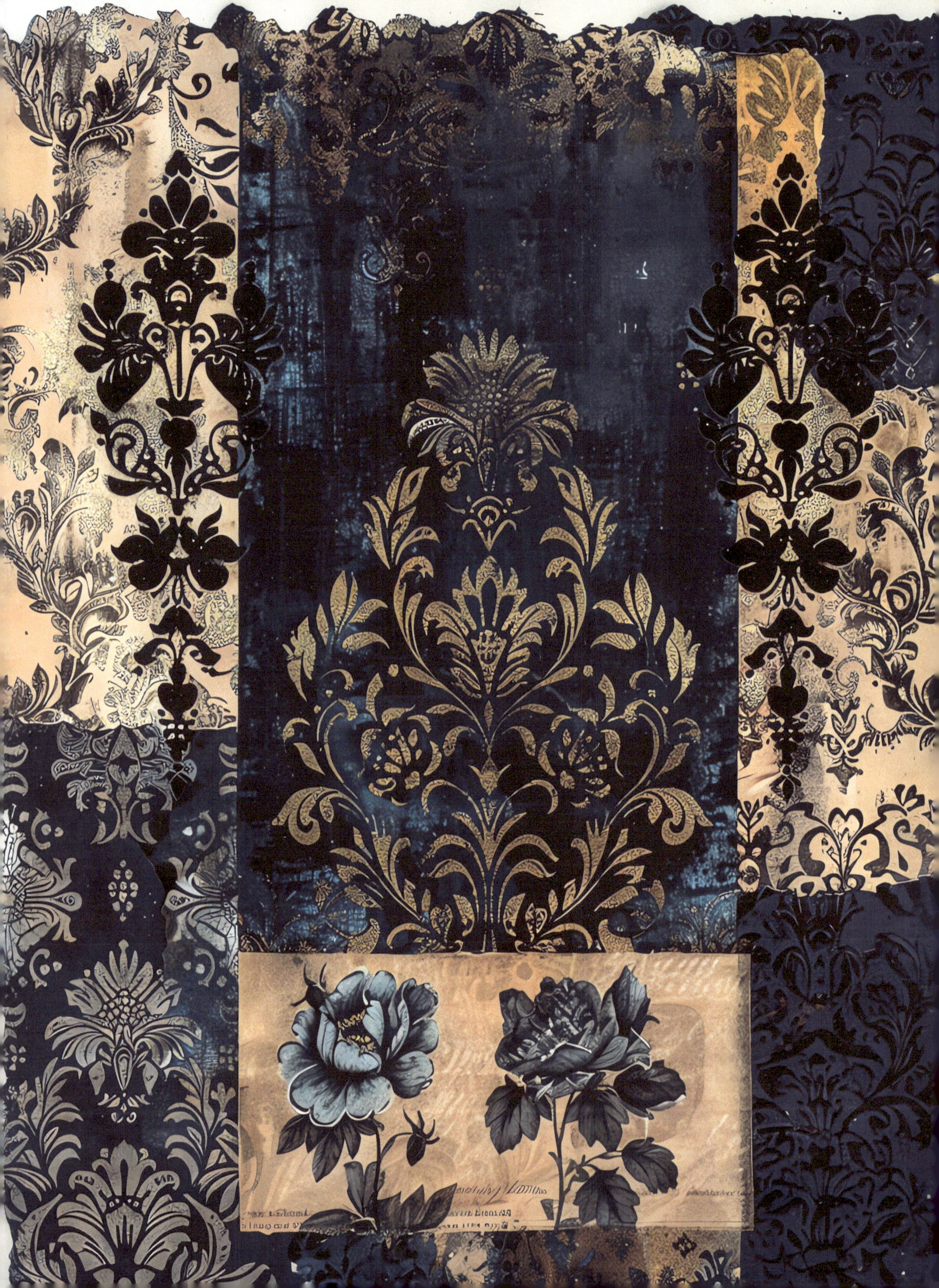

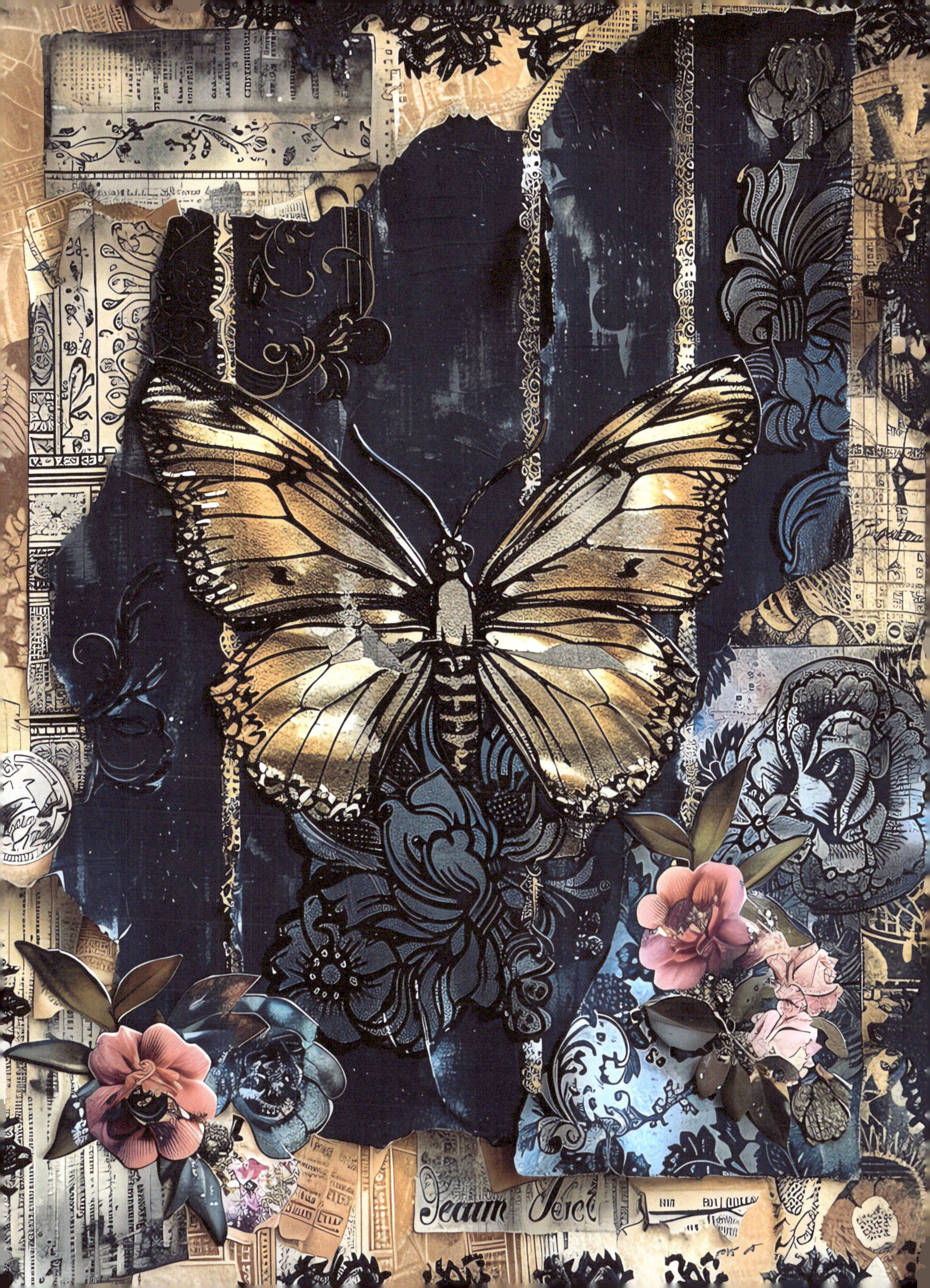

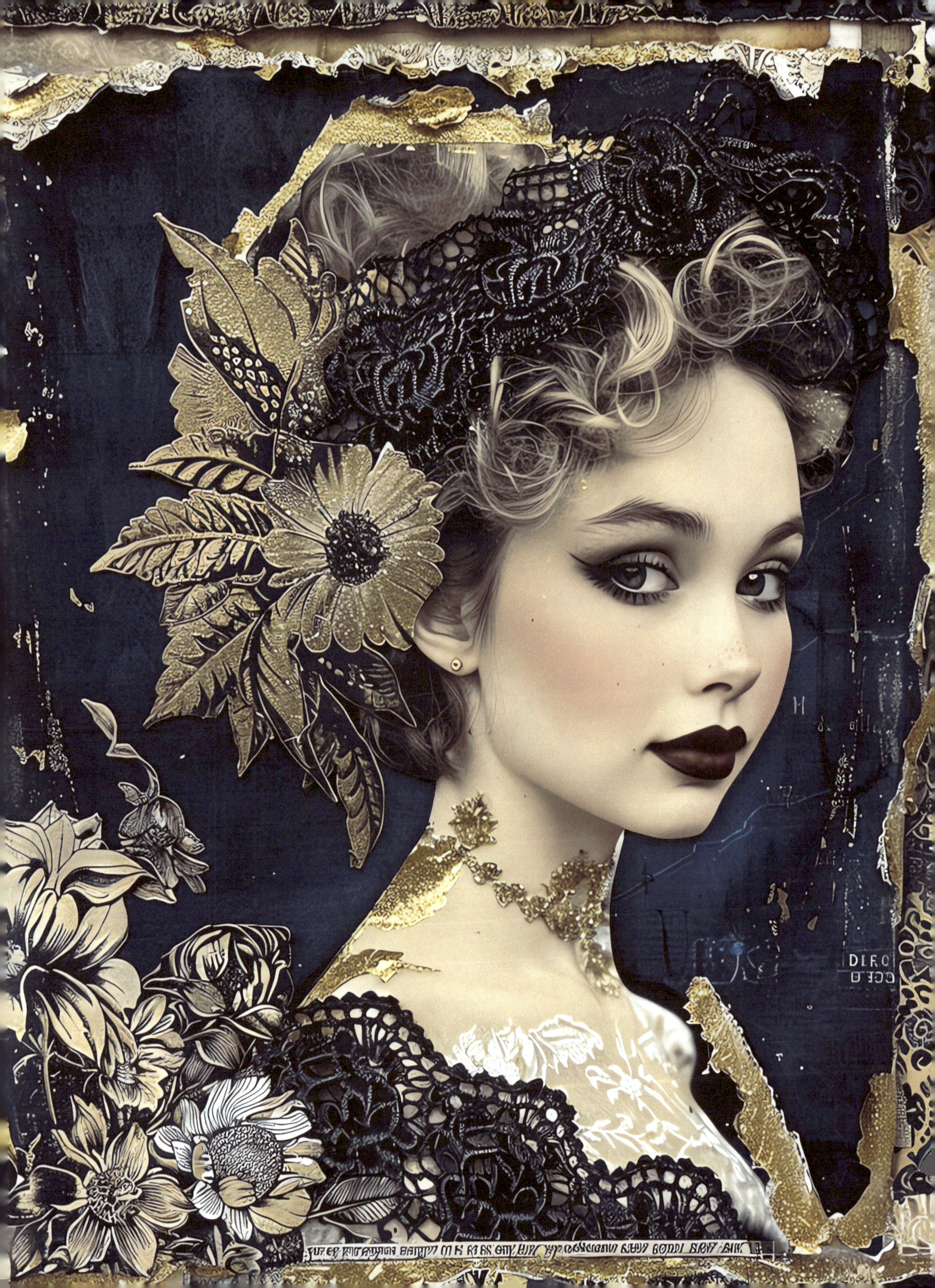

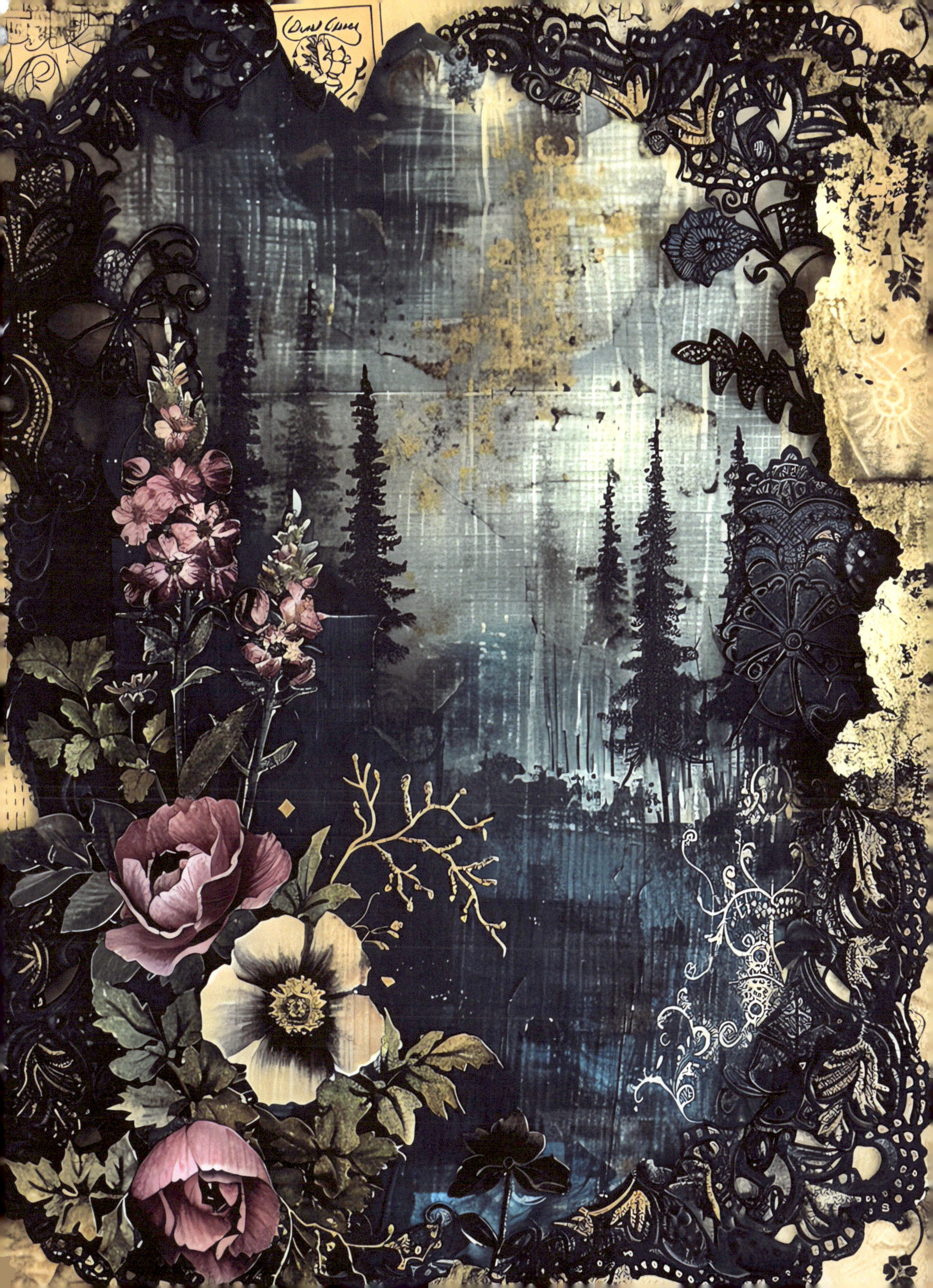

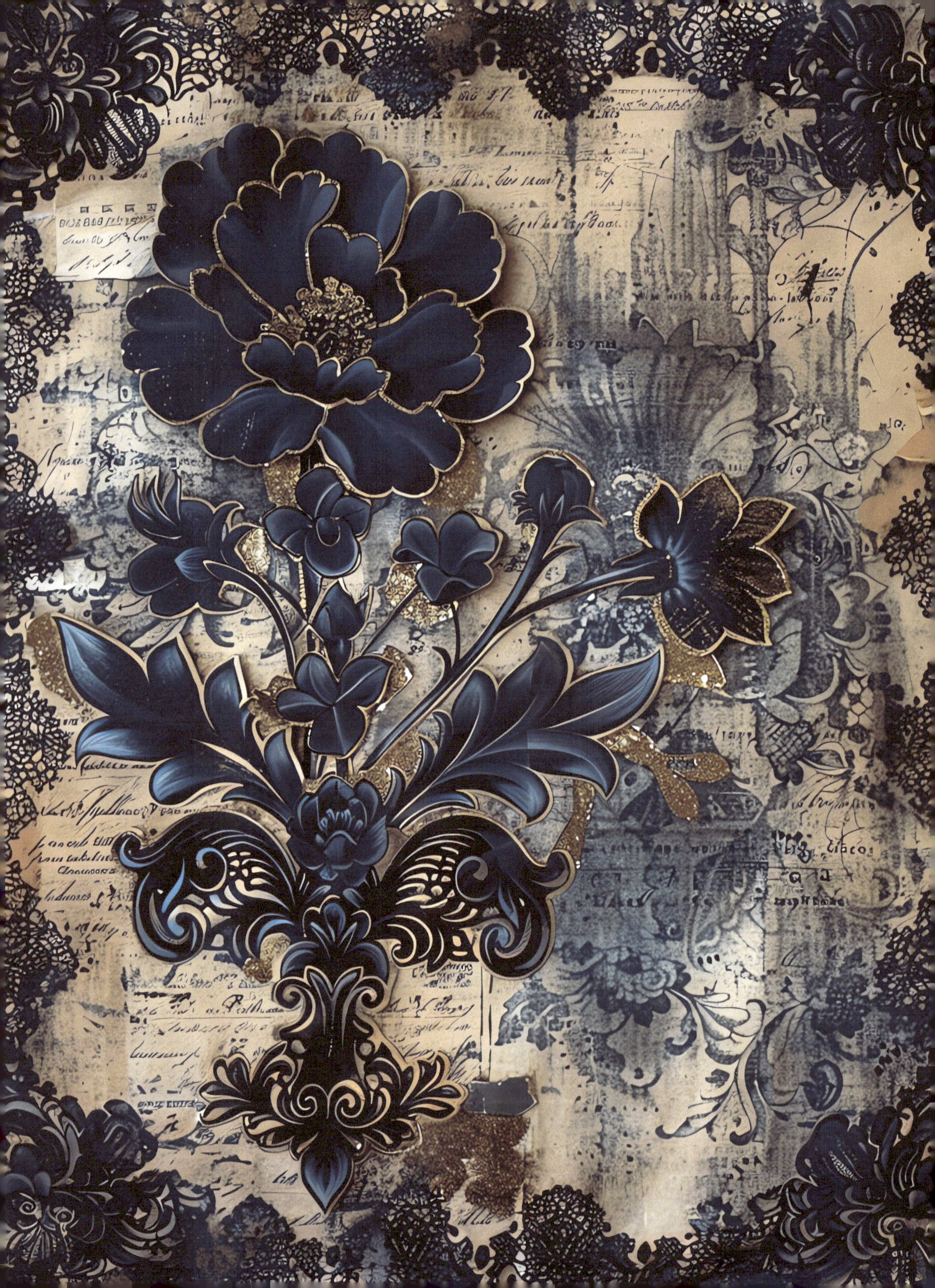

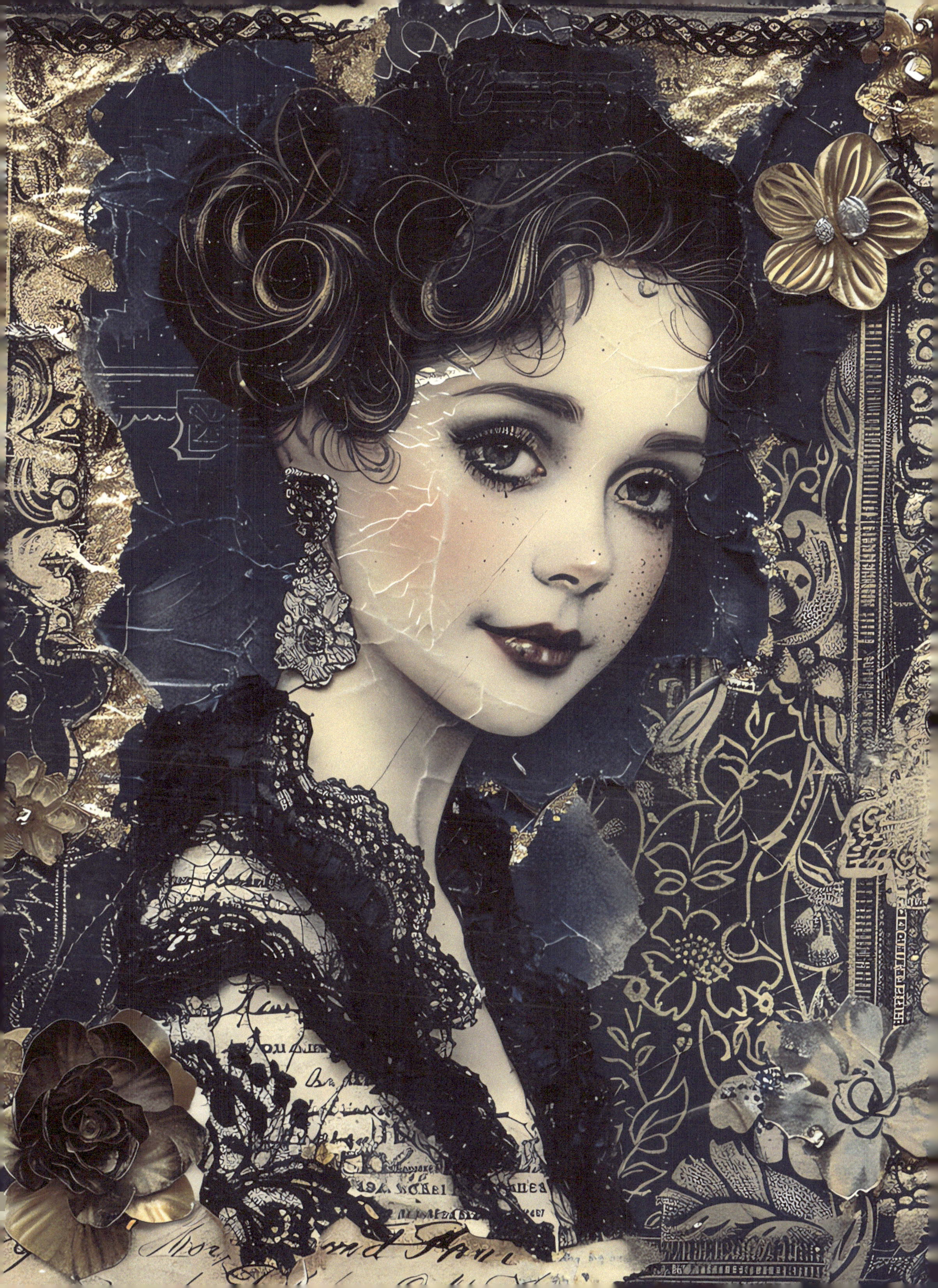

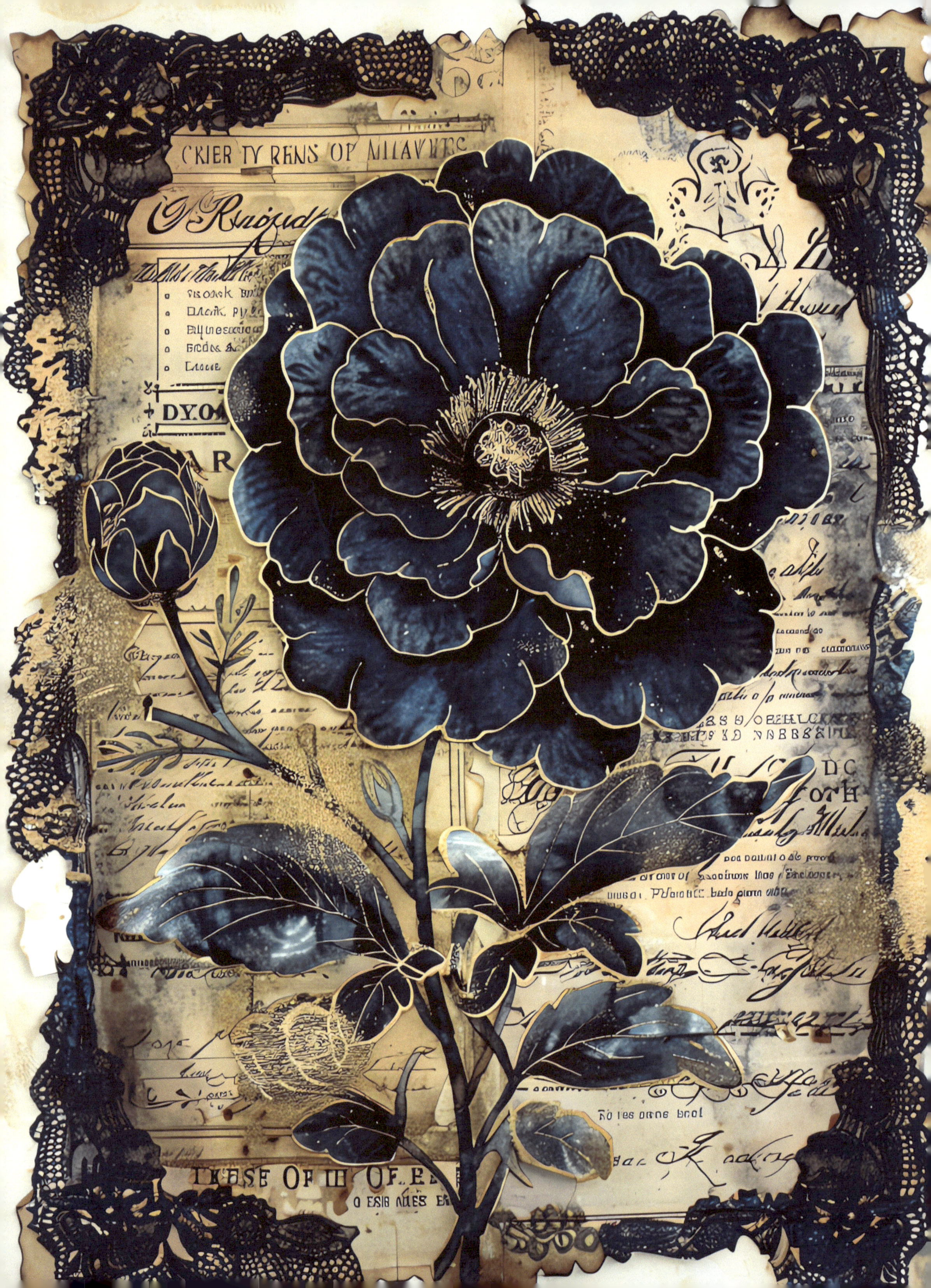

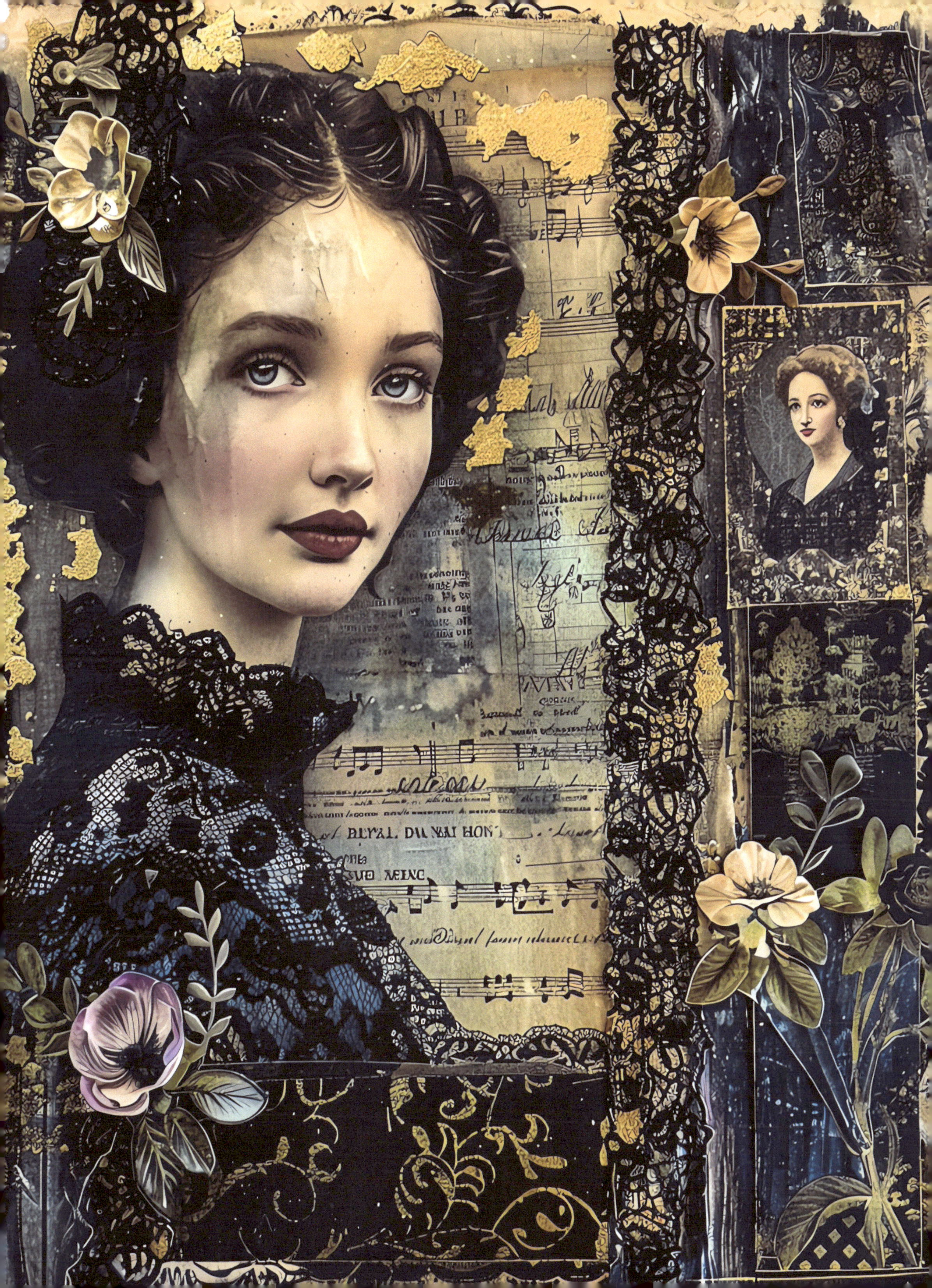

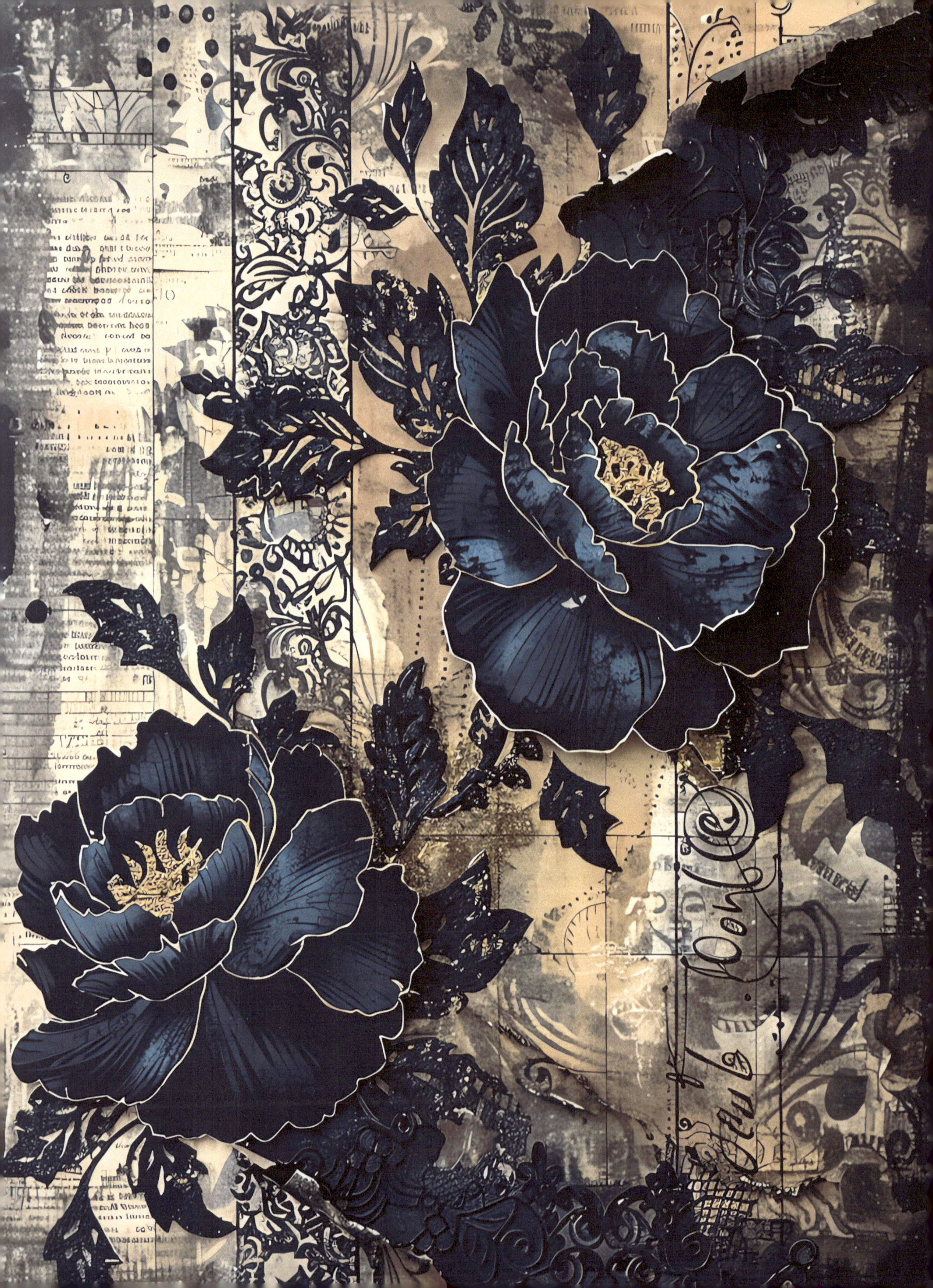

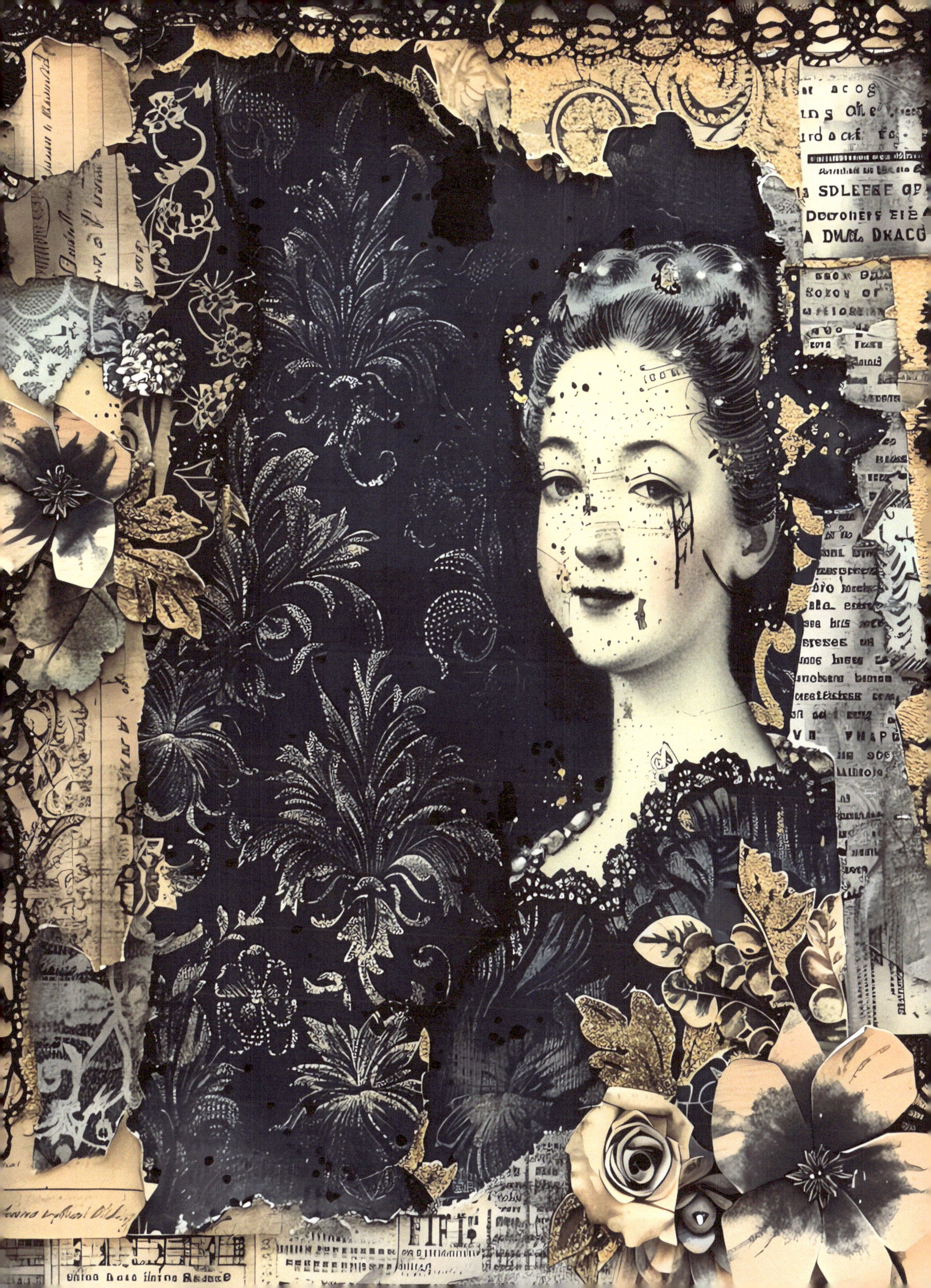

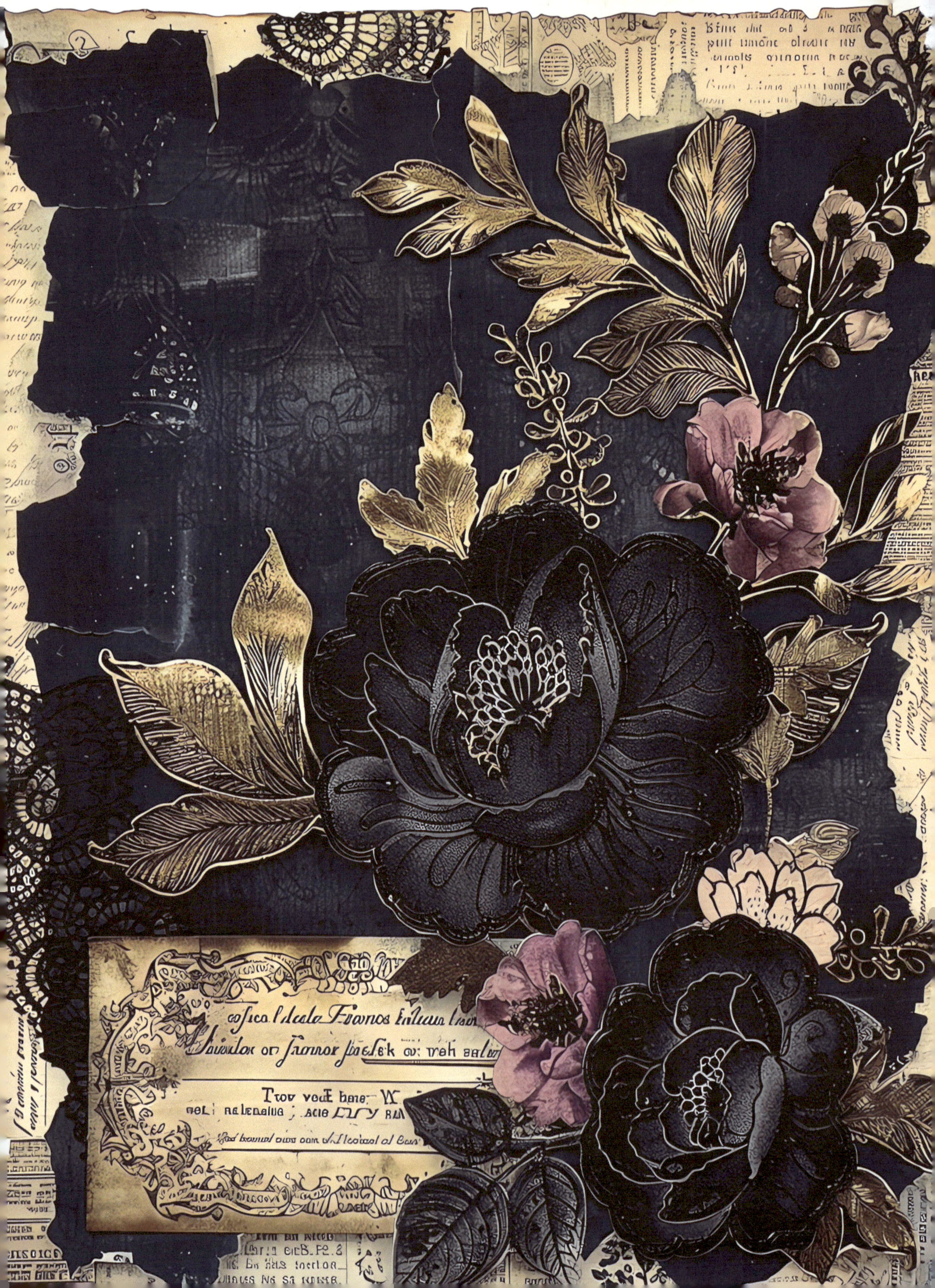

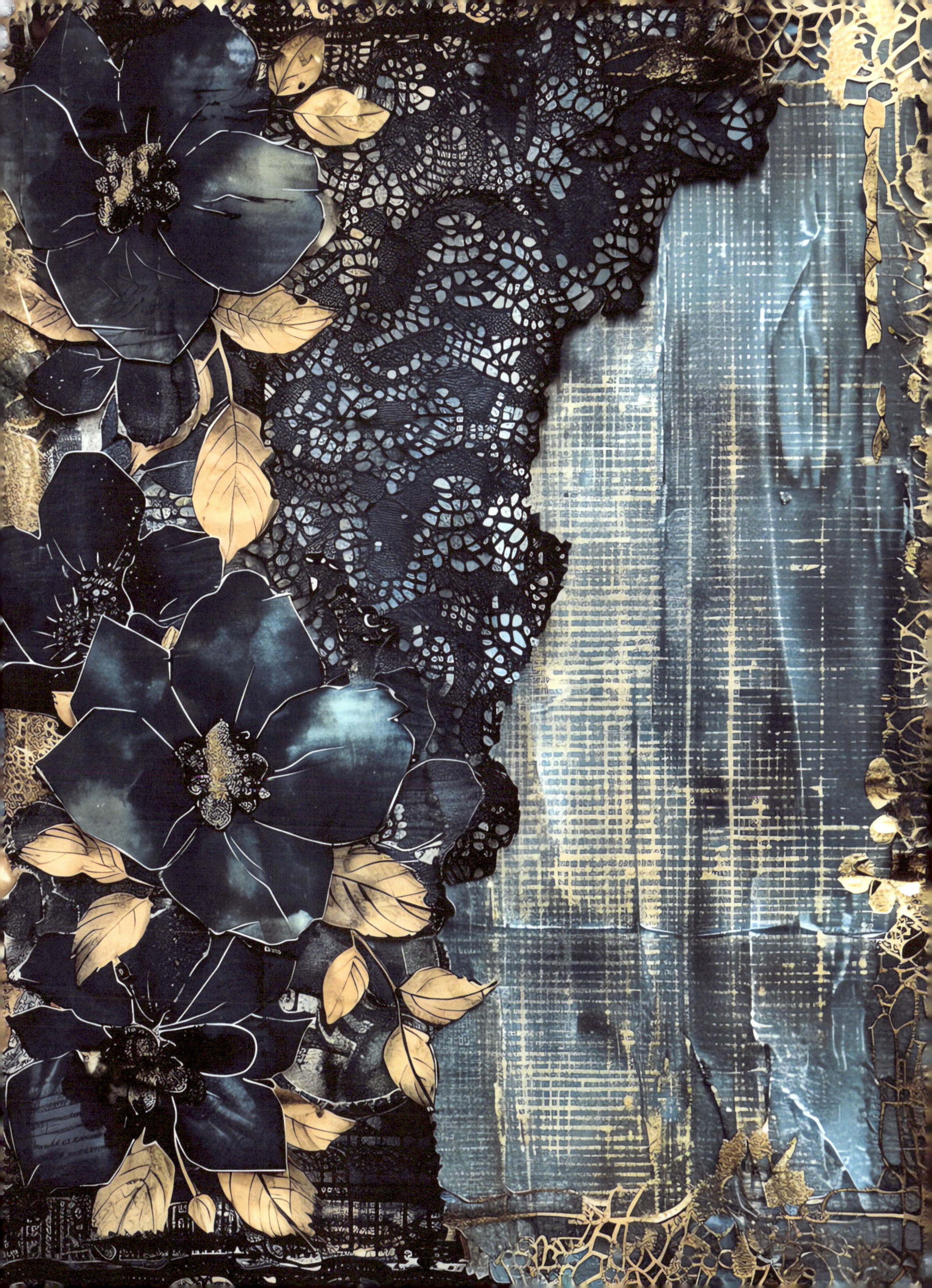

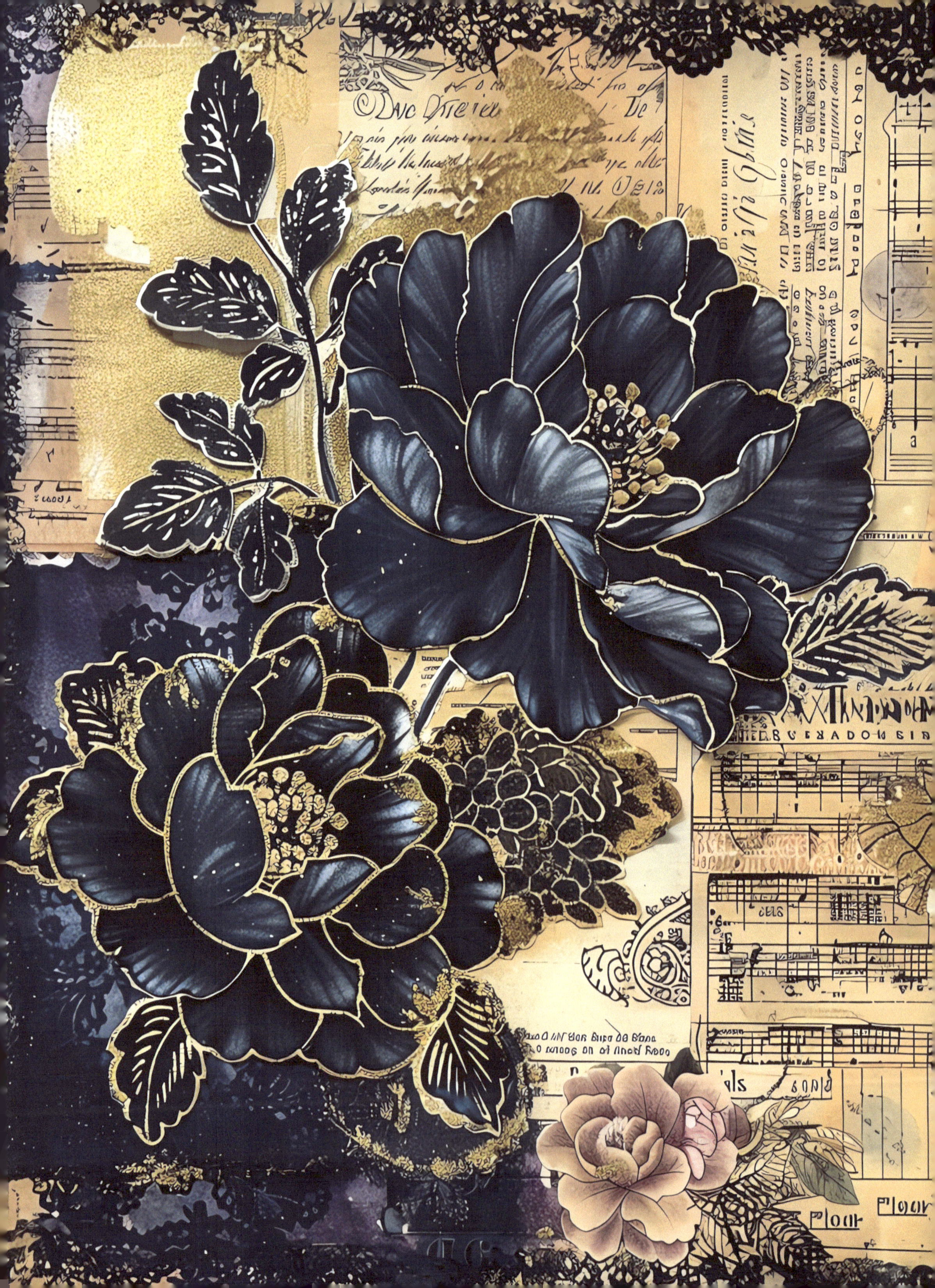

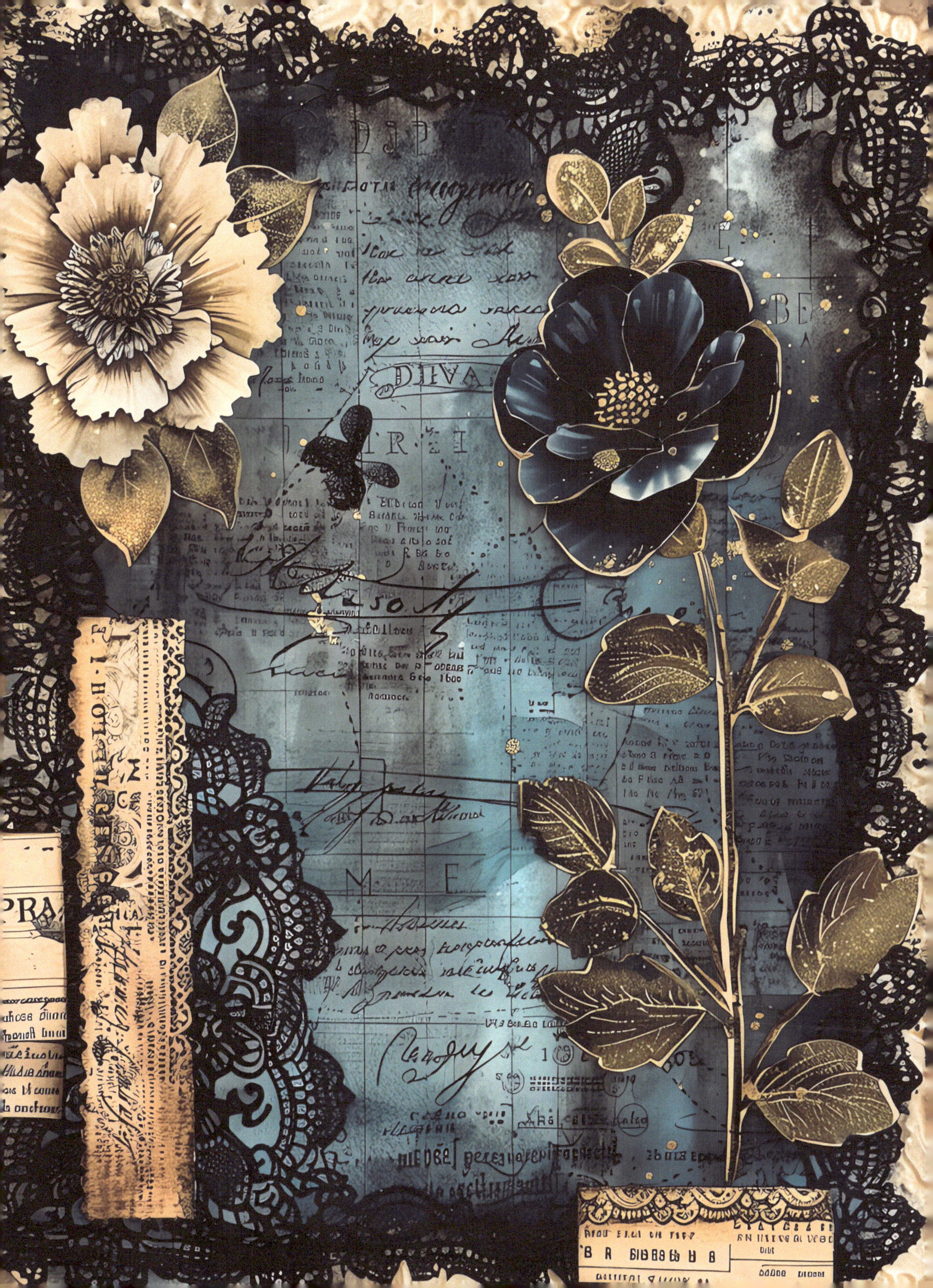

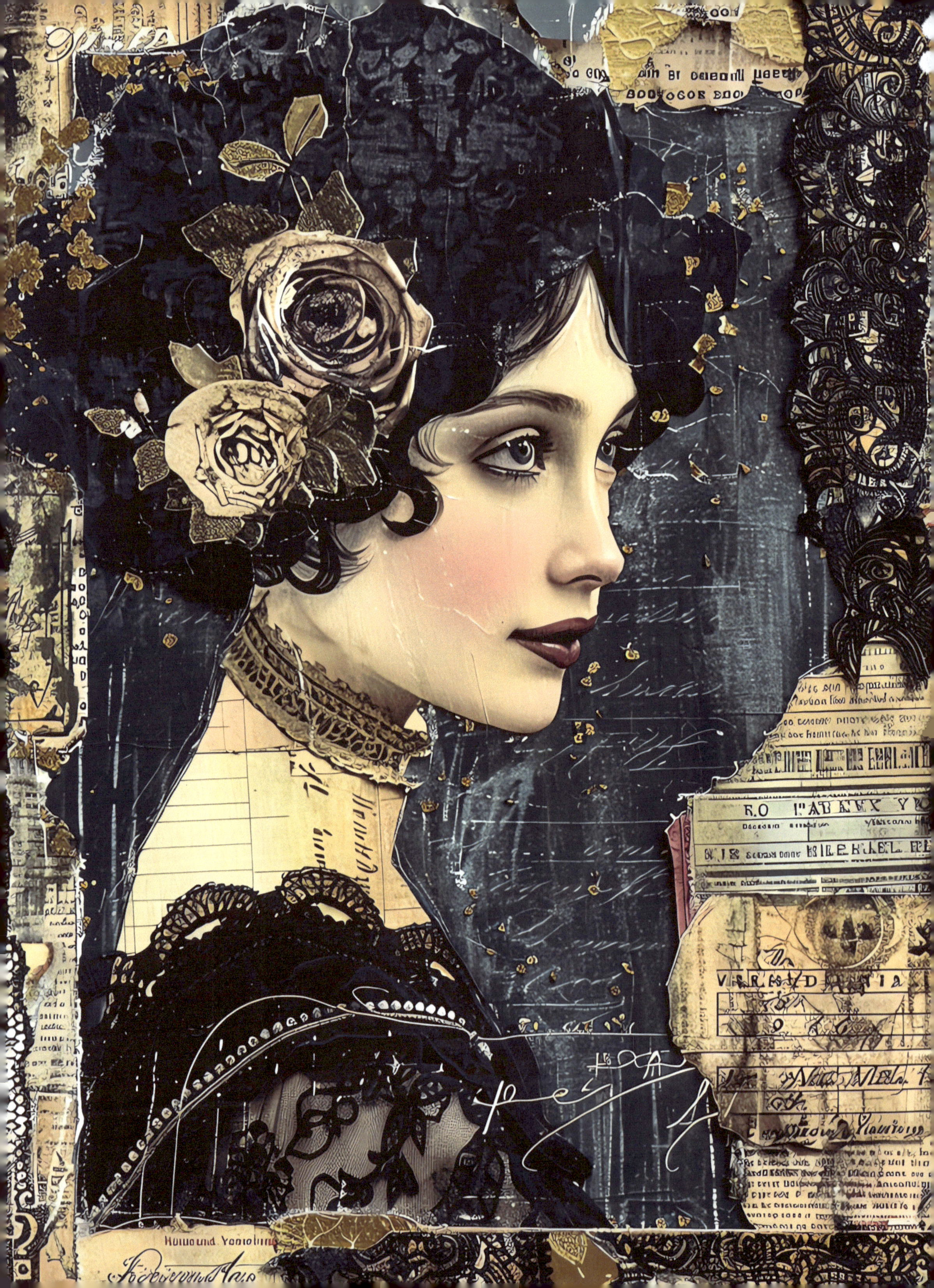

www.ingramcontent.com/pod-product-compliance
Lightning Source LLC
Chambersburg PA
CBHW040441220526
45473CB00004B/1495
9798301228070